働く人のための感情資本論　目次

働く人のための感情資本論　パワハラ・メンタルヘルス・ライフハックの社会学

はじめに――働く人のための感情資本論

働くことと感情――それが本書のテーマである。職場でのコミュニケーションや人間関係が重視される時代に、私たちは感情をどのように扱い、手なづけ、他者に差し出し、受け取り、時には金銭と交換しているのだろうか。誰に命令されたわけでもないのに、できるだけ剥き出しの感情は出さずに、思ったままに話すことを控え、先回りして忖度する。楽しくなくても笑みを絶やさず、愛想良く振る舞い、嫌な上司や顧客との関係に悩んだり難題に直面しても、それを「成長する機会」とポジティブに捉えて克服しようとする。職場で違和感を覚えるできごとがあっても、見たまま感じたままに「王様――上司／顧客／同僚／部下／会社の上層部／業務内容は裸だ！」とストレートに表現することはない。職場にはただ仕事をしに来ているだけのはずなのに、私たちはなぜこうも気を遣うのか。自分が感じた感情と、その場で表出されることを期待される感情との間の齟齬に、気がつかない日はない。働くことには「気働き」がもれなくセットになっている。

王様が裸であること自体への苛立ちと、王様が裸であることを知っていながらそれに気づかないふりをしてパレードを続けることへの苛立ち。現代社会では、アンデルセンの寓話に出てきた少年（一説には、人種が異なる成年）のように、見たまま感じたまま「王様は裸だ！」と言うのはご法度である。「痴れ者」だと思われたくはない人々が共謀して沈黙を守り、空気を読むことで、王様は立派な服を着ていることになっているのだから。「何かおかしいな」と感じたり、やりきれなさを抱えても、当該の社会的場面に居合わせた人々はパレードが台本通りに進むように協働している。それゆえ、「王様は裸だ！」とストレートに発言してその場を台無しにしてしまう者こそが、ルール違反。職場の対人関係や業務内容におけるウソやごまかしや虚飾や矛盾に気づいても、異端者として排除されずにその社会の構成員でいたいのであれば、「本当のこと誰も話さなくても　続けること、それがパレードのルール」（スガシカオ「午後のパレード」、二〇〇六年）である。ハラスメントや「いじり」、顧客との心理戦、タイトな納期、シビアな予算と人員、長時間労働、意味がない仕事など、職場で生じるさまざまな問題を前にして感情が揺らいだとしても、私たちはそれを飲み込み、パレードは続いていく。それが働く人々の日常の風景である。

「伝え方が9割」、「見た目が9割」、アンガー・マネジメント、アサーション・トレーニング、ストレス・コントロール、モチベーションの維持。自らの欲求や要求や意見を効果的に伝える技術、感情を整える技術、仕事への動機づけを維持する技術は、さまざまなバリエーションをともなって飛躍的に発達している。しかし、仮にこれらのアドバイスに従っても、一向に楽にならない気がするのはなぜだろう。

これらは、王様――上司／顧客／同僚／部下／会社の上層部／業務内容が裸であること自体への苛立ちと、そのことに勘づいているのに誰も決してそうは言わずにパレードが続いていくことにともなう苛立ちや悲哀を、うまくなだめるためのスキルを提供する。そして、「王様は裸……、ですよね？」とできるだけ当たり障りなく発話する際の手続きや、「私は、王様が裸であると思いますし、改善の余地があると思いますが、あなたはこのパレードについてどのように思いますか」といったアサーティブな自己主張について指南する。このようなコミュニケーション・スキルの習得においては、感情を自覚して整え、攻撃的にならずに、できるだけソフトに相手の顔を立て、対等な立場で誠実に、最大限相手の事情や気持ちを尊重しつつ、自分の気持ちや考えを話すことが推奨される。

こうした感情管理の技術やコミュニケーション・スキルが広がる背景には、現代社会に特有の感情に関する文化がある。ストレートに感情や考えをぶつけることを回避し、自らの感情や考えに自己言及し、それがゴツゴツしたり尖りすぎている場合には丸くなるよう成型し、牙と毒気を抜いたうえで、相手への共感を示しながらその場に差し出すことが適切であるとみなすような感情文化。そして、そのような相互尊重のコミュニケーションを遂行すれば、対人関係上のコンフリクトに悩むことが少なくなり、上司や同僚とも気持ちよく協働でき、職務上のパフォーマンスも向上させることができるはずだという社会意識や、そうすべきなのだという社会規範がある。本書で扱うのは、こうした職場でコミュニカティブであることを推奨する感情文化と社会規範である。

＊

それでは、職場でコミュニカティブであることを求められるのはなぜだろう。社会学者のE・イルーズによれば、特に二〇世紀の資本主義の発達は感情とともにあり、エモーショナルであることと経済的な合理性の進展が分かちがたく結び付いている。イルーズはそのプロセスを「感情資本主義」と呼んだ。労働や経済的な関係の中に笑顔や共感、親密さや快活さ、相互尊重や協働などのエモーショナルな要素が持ち込まれるようになる一方で、家庭や親密な領域の中には効率性や合理性、交換や公正といった政治経済的な要素が持ち込まれた。現在、私的領域では時短家事や家事育児の公正な分担、家事代行サービス、権威主義的でない家族像とライフスタイルはおなじみのものになっている。

このような「経済生活の感情化」と、「感情生活の経済化」は同時に生じたが、本書で特に注目したいのは主として職場での労働をめぐる感情文化である。アメリカでは一九三〇年代頃に職場や組織の中にセラピー的な文化が流入し、それに強く影響を受けたコミュニケーションのスタイルが徐々に浸透していった。E・メイヨーらの人間関係学派やA・マズローの欲求の五段階説などはよく知られているが、イルーズによれば、テイラーの科学的管理法でさえ、労働者を「怠慢で道徳的教育が必要な人間」から科学的精査とコントロールの対象へと転換したという点においてセラピー文化が労働や経済の領域に流入する素地を作ったものである。

現在、アンガー・マネジメント、ストレス・コントロール、共感、モチベーションの維持、アサーティブネス、相互尊重のコミュニケーションなど、職場にはセラピー的な言説や技法が深く入り込んでいる。職場において感情的であることはネガティブに評価され、感情のコントロールがうまくできないことは当人の弱さや社会人としての能力不足を示すものだとみなされる。それゆえ、自分の感情をモニターして管理しつつ、他者の感情をも敏感に察し、共感的理解を示しつつ決してそれに巻き込まれない態度を保持すること、感情を表現する際には一定の発話手続きにのっとること、さらには、そのような自発的な感情管理力がある人物だと認められるか否かが、就職や昇進や人脈の拡大、社会階層の移動や富の形成にかかわる。その意味で、感情は「資本（capital）」である。

従来、合理化といえば、脱魔術化と科学技術の発展、官僚制などのキーワードで特徴づけられ、人間の感情は不合理なものとして社会の公的領域から排除されると説明されてきた。産業や労働の領域でいえば、オートメーション化された工場労働によって効率的に大量生産される自動車には、それまでの職人が丹精を込めて作りだす車とは異なり、思い入れやこだわりが入る余地はなかったし、工場労働者の働き方はC・チャップリンの『モダン・タイムス』にデフォルメして描かれているように、厳しく管理された生産ラインのもと、組織の歯車としてひたすら単純労働をこなす非人間的なものであった。そのため一九六〇年代には、労働者の疎外と「労働の人間化」が主として西欧で議論され、現在では「ディーセント・ワーク（働きがいのある人間らしい仕事）」の実現がＩＬＯ（国際労働機関）の政策課題になっている。このように、合理性や効率性の追求によって「人間らしさ」が失われるとか、生き生きとした感情が抑圧されるとみなされてきた一方で、労働時間数の短縮や賃金のベースアップなどを要求する古典的な労働運動では、人間の感情は残余カテゴリーとして扱われ、メイン・テーマとして扱われてきたわけではない。長時間労働や非正規雇用の「使い捨て」が問題になる時、そこで主に問われているのは雇用条件や金銭的報酬や生活保障である。

一方で、近年職場でのハラスメントや「いじり」、労働者のうつ病や自殺が社会問題化している。民事上の労働紛争の件数をみても、解雇や賃金問題は減少傾向にあり、いじめや嫌がらせの件数が増加している。そこで問われているのは、職場の対人関係やコミュニケーションである。本書で論じたいのは、感情が組織によって抑圧されたりコントロールされることによる人間疎外よりも（それが重要な問題であることは否定しない）、現代の職場では、ある一定の手続や手順を踏まえるのであればむしろ感情表出が推奨されていること、ならびに相互尊重的なコミュニケーションを遂行できる人物であること（少なくともそのような人物として自己呈示できること）が社会人として必須の能力とみなされ、それによって職業上の能力や評価が決定される現象とそれにともなう閉塞感である。コミュニカティブであることを推奨する職場環境の中で、感情という資本はどのように機能しているのか。感情的にならずに感情を表出することと、効率的で生産的なパフォーマンスを可能にすることとの間の結び付きを解きほぐしながら、ハラスメントやうつ病と自殺、時間管理、ワーク・ライフ・バランスといった現代的な課題について考察する。

＊

各章で取り上げるテーマは、「パワーハラスメント」、メンタルヘルスケア、うつ病、自殺、労災保険制度、ライフハックと時間管理、ワーキング・マザーと「ワーク・ライフ・バランス」である。それぞれのテーマに沿ったインフォーマントにインタビューを行い、そこで得られた内容について社会学的に分析している。

第1章「感情という資本」では、「パワーハラスメント」が生じても、なかなか嫌悪感を表明できないのはなぜなのかについて、アメリカの社会学者A・R・ホックシールドの感情管理論と、E・イルーズの感情資本主義の観点から考察する。私たちは、対人関係の中で感情を贈り物として交換しあっているがゆえに、差し出す感情はその種類も強度も深度も温度も湿度も適切に管理されたものでなければならない。そのため、「感情資本」――感情をその場のコードにしたがって適切に管理し、表出できる能力――を持っているか否かが、その場の状況や他者の反応を操作する権力を持つことにつながる。空気を読み、ハラスメントにNOと言うことを難しくさせるのは、こうした自発的な感情管理と相互尊重のコミュニケーションを促す感情文化である。

第2章「メンタルヘルスという投資」では、労働者を対象としたメンタルヘルス対策、その中でも特にEAP（従業員支援プログラム）について取り上げる。EAPは、従業員の生産性の維持向上をめざすメンタルヘルスのプログラムであるが、インタビュー調査をもとに、EAPの考え方を明らかにすることにより、「効率的な業務遂行」と「感情に向き合うこと」がどのようにして結び付くのか、効率的であるために感情を利用するということの具体的な様相とはどのようなものかについて検討する。従業員のメンタル不調は、事業主からすれば経営上のコストでありリスクでもあるため、メンタルヘルスケアはそうしたコストやリスクを低減させるための投資と位置づけられる。

第3章「自殺のリスク化と医療化」では、日本の労働者災害補償保険制度における労働者の自殺の取り扱いの変化について注目する。従来、自殺は故意によるものとみなされ、保険事故とみなされていなかったために社会保障の対象外であったが、自殺のリスク化と医療化が進行したことにより、労働災害として補償対象に取り込まれた。ここでは、このような変化がどのようにして生じたのかについて、行政や裁判や労働運動の動向を整理することで明らかにする。自殺は、精神障害（多くはうつ病）の症状の一つと位置づけられることにより、病死＝災害死と意味づけが転回し、社会保障制度によって救済すべき死となった。

第4章「自殺の意味論」では、労災申請や訴訟の中で、労働者の自殺がいかに「鑑定」され、解釈されるのか、そしてそれが遺族による自殺の解釈にどのように影響していくのかについて責任帰属の観点から検討している。自殺が病死の一種とみなされることにより、自殺者当人は免責される一方、事業主の安全配慮義務や遺族の自責がクローズアップされることになる。遺族の自責の念はなかなか消えることがなく、自殺が親世代に生じた場合、子どもが前向きな労働観や仕事観を持つことを難しくさせる。最後に、第3章と4章のまとめとして、自殺者を病死者とみなし、遂行時に「正常な認識がなかった」とするのはなぜなのかについて、意味喪失と道徳の観点から考察する。

第5章「「パワーハラスメント」の社会学」は、詳細な「パワーハラスメント」のケース・スタディである。遺族へのインタビュー調査や労災申請の資料の分析、民事訴訟の傍聴などを通して、どのような状況が「パワーハラスメント」であると認識される／されないのかについて、E・ゴフマンの「フレーム・アナリシス」の観点から検討する。また、自殺をめぐる解釈が遺族や労働基準監督署の臨検や法廷において錯綜し、やがて「うつ病の結果」へと収斂していくプロセスと、それにより「パワーハラスメント」が不可視化される過程について分析する。

第6章「時は金なり、感情も金なり」では、SNSを介したライフハックや時間管理術の勉強会での参与観察や実践者へのインタビュー調査を通して、実践者たちの時間に関する感覚や意識を浮かび上がらせる。また、時間管理が感情管理と密接な関係にあること、時間をうまく使うことと感情をうまく使うことが彼らの職業人としてのアイデンティティや他者からの評価に関わっていることを明らかにすることで、感情が資本であるということの意味について再度考察する。

第7章「ワーキング・マザーの「長時間労働」」では、ワーキング・マザーが、職場での「ファースト・シフト」の後、帰宅しての家事育児に携わる「セカンド・シフト」をこなし、さらに深夜や早朝に「残業」をするような「長時間労働」の状態にあることを示す。感情資本主義社会では経済生活の感情化と感情生活の経済化が並行して進行するというが、本章で取り上げるのは家庭という親密な領域での生活の効率化や合理化と、それにともなうワーキング・マザーの感情労働と働きすぎの問題である。第6章までは職場に焦点を絞っていたが、ここではそれを反転させ、生活がどのように合理化され、そこではどのような時間が流れているのかについて、あるワーキング・マザーの事例から考察する。

これらの章を通して考察したいのは、働く人々の感情や生と死が現代社会の中でどのように意味づけられているのかということである。ハラスメントや自殺は、特殊で暗い社会問題というよりも、職場でコミュニカティブであることを求める日常と地続きのところで生じている。「王様は、裸だ！」と大胆に発言して感情を露わにしても、「王様は裸、ですよね？」と婉曲に表現しても、あるいは「私は、王様は裸だと思いますが、あなたはどう思いますか」とアイ・メッセージで伝えても、いずれにしても抜け出すことが困難な（というよりも、そうすることによってさらに深く絡みとられる）感情の豊かさと合理性の追求が強く結び付いた社会の渦について考えよう。

第1章　感情という資本
——職場でコミュニカティブであること

1　はじめに——「倍返しだ！」とは言えない人々

二〇一九年六月にスイス・ジュネーブで開催された国際労働機関（ＩＬＯ）第一〇八回総会では、職場での暴力・ハラスメントを禁止する条約が採択された。心身への危害や、経済的・性的危害や脅威につながる行為を禁ずる初めての国際労働基準として注目される。雇用形態や発生場所にかかわらず適用され、批准国には防止措置に向けた法整備や被害者の保護・救済が義務づけられる（ILO 2019）。また、昨今 #MeToo 運動や Time's Up 運動など、ハラスメントに抗する声を上げる動きがＳＮＳで急速に拡大しているが、まだまだ沈黙は守られているようにも思われる。

かつて、高視聴率を記録して話題となったドラマ『半沢直樹』。彼のように、相手が上司や幹部であってもその場で面と向かって「倍返しだ！」と啖呵をきれる人ばかりであれば、ハラスメントもうつ病も自殺もここまで社会問題化しないであろう。「やられたらやり返す」と言いたいけれども言えない状況に置かれている人々が大勢存在すること、そのような人々が主人公に自らを重ね合わせて何らかのカタルシスを得ていただろうことは想像に難くない。人々の声にならない怨嗟《えんさ》の念が作品の人気を支えていたとすれば、薄ら寒い気持ちにもなる。

なぜ、人々は職場で「やられたらやり返す。倍返しだ！」と口にすることができない（しない）のだろうか。主人公を演じた俳優は、番組宣伝のインタビューの中で「ご自分なら何倍返しにしますか」と尋ねられた際、「僕なら微笑み返しにします」と語っていた。熱心な視聴者ではないので何の番組だったのか、はっきりと覚えていない。だが、目じりに沢山の皺を寄せたあの笑顔で、でも瞳は決して笑っているわけではない笑顔で、彼がそう言ったのが今も印象に残っている。

「パワーハラスメント」とは、厚生労働省の定義にしたがえば、「同じ職場で働く者に対して、職務上の地位や人間関係などの職場内の優位性を背景に、業務の適正な範囲を超えて、精神的・身体的苦痛を与える又は職場環境を悪化させる行為」をいう（厚生労働省 2012b）。上司にいいように利用されそうになった時、一方的に仕事や責任を押し付けられた時、あるいは人格を否定するような暴言を浴びせられた時、暴力をふるわれた時。大方の人は、不当だと思いながらも粛々と仕事を進めるか、「微笑み返し」をするか、その余裕すらない場合はジッと歯を食いしばって耐えるかする。

もちろん、労働環境を改善するよう勤務先に申し入れたり、組合や各種相談機関に相談することもある。近年、都道府県労働局の総合労働相談センターに寄せられる個別紛争相談では、解雇や賃金といった古典的な労働問題の件数が減少する一方、「いじめ・嫌がらせ」の件数が増加している（厚生労働省 2019b）。

職場の人間関係に困って相談機関に駆け込む場合も、相手を恨めしく思う一方で「自分に至らぬ点があるから、こうなったのだろうか」と自省し、心のどこかで自分を責める気持ちをもったり周囲の目を気にしたりする。いずれにしても、ドラマの主人公のように相手を一〇〇パーセント悪者に仕立て、「やられたらやり返す」と怒りや復讐心をむき出しにして応戦する人は多くない。あからさまな感情の発露は、職場で歓迎されるべき事柄とみなされていないからである。

本章では、職場でハラスメントやコンフリクトが生じた際に、なぜ大方の人が「倍返しだ！」と息巻くことがないのかについて、「感情管理（emotion management）」（Hochschild 1983=2000）と「感情資本主義（emotional capitalism）」（illouz 2007, 2008）の観点から考察する。気弱だとか軟弱だからといった個人の気質や性格に帰責することなく、「倍返しだ！」という発言を封じ込める感情の磁場について検討しよう。

2 「パワーハラスメント」と感情管理

感情規則と感情管理

アメリカの社会学者A・R・ホックシールドは、E・ゴフマンの儀礼的相互行為論や自己のドラマトゥルギーを批判的に継承し、「感情管理」に関する社会学的議論を展開している（Hocshschild 1983=2000）。社会には感情を感じるべき場所、感じるべき感情の種類、感情の強度や持続性の範囲を指示する暗黙のルール、すなわち「感情規則（feeling rules）」が存在する。感情と、それに対応する行為には「「適切な」範囲（"proper" range）」が社会的場面に応じて規定されており（ibid.: 63-68=72-78）、人々はそれに沿った感情を表出するべく「感情作業（emotion work）」を行っている[1]。

たとえば、気乗りしない宴席に仕事で参加し、日頃からよく思っていない上司から一気飲みやお酌を強要される場合を考えよう。内心ではまったく楽しいと思っておらず、むしろ不快に思っていても、私たちは笑顔で応じ、「楽しさ」を演出する。このようなうわべの取り繕い、言いかえれば「表層演技（surface acting）」を行う時、行為者は「楽しくない」「不快である」という気持ちを現状保存したまま横に置き、その場の感情コードに沿うように外面的行為を操作している。あるいは、「どうせ参加するなら、本当に楽しく過ごしたい」と考えて、自分の気持ちを「高揚させる」努力をする場合もある。このような「深層演技（deep acting）」を行う時、行為者は自らの「楽しくない」「不快である」という感情自体に働きかけ、「楽しい」「快い」という感情に質的に変化させている。

行為者がこうした感情作業を行うのは、宴席では「楽しさ」「和やかさ」「くつろぎ」といった種類の感情状態を表出するのが適当であるという共通理解があるためである。宴席で暗い表情や難しい顔をしていると、「どうしたの?」「なぜそんなに暗い顔をしているの?」と周りの人から尋ねられるだろう。もしくは一気飲みやお酌を断り、不快感を表明すれば、「ノリの悪い奴だ」「何を本気で怒っているのか」「そんなことでは仕事にならないぞ」とたしなめられ、説教される。その場の感情コードに沿った感情を表出している場合、他者がその感情の理由や説明を求めることはない。取り立てて感情の理由や説明を求められる時というのは、状況に合致する種類の感情を表出していない時、すなわち「感情の慣習(emotional conventions)」が乱れ、「修理(repair)」「点検(check up)」を行うべきだと周囲に認識される場合である(ibid.: 58=66)。

また、たとえその場に合致する種類の感情を表出していても、あまりにも羽目を外して大声で笑い続けたり日頃の鬱憤をぶちまけたりなどすれば、それは「楽しさ」や「くつろぎ」の表出過剰になり、感情の「適切な範囲」から逸脱してしまう。むろん、それらも「お酒の席でのこと」と受け流すような更なる感情の作法が存在するため、その場では大事に至らないだろうが、ボディーブローのように後々の人間関係に響くことはあるかもしれない。このように感情管理は微妙なさじ加減で成り立っており、状況の参加者たちおのおのが演技者であると同時に「観客(audience)」(ibid.: 67=77)として如才なく振る舞う中で、「舞台」上の相互行為が「筋書き」通りに進行する。

感情の贈与交換と「パワーハラスメント」

それでは、人々はなぜ感情作業や感情管理を遂行するのだろうか。それは、適切な感情を表出することが他者への敬意の表明、言いかえれば「捧げ物（offering）」（ibid.: 82=94）であるとみなされているからである。行為者は感情規則に従って、相互の関係性の中で何を「支払うべき」なのかを判断し、互いに貢ぎ物を納めあっている。(2)

たとえば、上司が仕事の指導をしてくれた場合、たいていの部下は感謝や尊敬の気持ちを呈示する。この時、本当に感謝や尊敬の念を覚えている場合もあれば、特に有用な指導ではなかったために有難く思っていない場合もある。さらに悪いことには、時代遅れの仕事の仕方だと見下していることもあるかもしれない。しかし、本音はどうであれ、上司から受け取った「親切さ」「丁寧さ」「配慮」に対して、「感謝」や「尊敬」の意を返礼することになる。相手の顔を見つめ、頷きながら話を聞くこと、オープンな笑顔、感謝の言葉。「誠実さの呈示（sincere display）」（ibid.: 77=89）は表情や言葉の選び方、声の調子によって達成される。感情作業を通して感情を整え、「適切な」感情を互いに贈りあうことは、「文明化された生活の基本的な技術（art）」（ibid.: 21=22）である。

通常、このような「感情」の贈りあいは相補的に行われる。それゆえ、「捧げ物」に対する「返礼（payment）」について贈る側と受け取る側に共通認識がない場合、人間関係にコンフリクトが生じる。上司が指導したことに対して部下が十分な感謝や尊敬を表明しない場合、上司は面白くないと感じる。贈り物を受け取る側の反応が鈍く、贈る側が十分な返礼をされていないと感じる時、贈る側には不快感や怒り、当惑が生じる。「あの態度は何だ、失礼じゃないか」「生意気だ」「懲らしめてやる」。感情や敬意の「支払」に関する見積もりの違いが、ハラスメントの引き金になる。

すなわち、「感情の贈与交換（emotional gift exchange）」は、同等の地位にある人々の間で行われる場合は相補的で均衡を保ったものになり（ibid.: 84=97）、その贈与交換にかかるコストは得られる報酬に匹敵する（ibid.: 21=22）。その一方で、関係性や地位に高低の差がある場合には、下位者の方がより多くの感情や敬意を捧げることになり、感情の贈与交換の相補性は表面上のものになりやすい。下位者は、上位者よりも感情規則に敏感でなければならず、上位者よりも多くの「感情作業」を行っている。高い地位にあるものは、「感情的報酬（emotional rewards）」に対する自らの要求を通しやすく、要求を強制する手段にもアクセスしやすい（ibid.: 84=97）。部下や新入社員、女性の従順な振る舞いが当たり前のこととみなされる一方で、笑顔や感謝、賞賛や配慮の言葉を発する必要のないことが地位の高さを示す指標となる。感情作業を行う義務と負担は、社会的地位や属性にしたがって不公平に割り当てられている。

ここで、大手広告代理店の新入社員が上司とともに参加した飲み会で、余興として上司が脱いだ靴にビールを入れて飲むことを強要され、お酒に弱いために断っても無理やり飲まされたこと、その上、「飲みっぷりが悪い」と言われて靴の踵で頭を叩かれたという事例を考えよう(3)（藤本 1996: 75-76; 川人 1998: 21-22）。

彼が屈辱を感じたであろうことは察するに余りあるが、彼はその場で怒りや悲しみを露わにすることはなかった。宴席では「楽しさ」「和やかさ」を表出すべきという感情規則、そして、上司と部下という立場上の「感情の贈与交換」の不均衡さが彼を困難な感情作業へと差し向ける。

というのも、期待される仕方で感情を贈らなかったり、不適切な感情を贈ったと周囲に認識される場合、「失礼な人」だと顰蹙《ひんしゅく》を買い、距離を置かれることになるためである。適切にマネージされた感情は、上司個人に対する捧げ物であると同時に「集団への捧げ物（contribution to the group）」（ibid.: 18=19）でもあった。その場を台無しにしないことが、上司と自分との関係、取引先と自社との関係を良好に保つために重要だと判断される時、人は自らの感情を無理やりにでも操作し、場に合致したものへと成型して差し出す。

感情管理を遂行することは、相手への敬意や「私はこの場を尊重しています」という意志の表示であるが、それだけではなく、「愛されるべき存在」「他者から敬意を払われるに値する者」として自らを呈示する儀礼的行為でもある。互いに敬意を交換するサークルの中で「破綻のない人物」「社会人としてうまくやっていける者」であることを周囲に証明したい時、人はたとえそれが自らにとって大変な負担になることであるとわかっていても感情作業を引き受ける。

もちろん、いつも首尾よく感情を管理できるわけではない。時には本音が漏れ出てしまい、失敗することもある。だが、たとえそのような場合であっても、感情を管理しようとしたという事実、感情を装うために努力をしたこと自体が敬意表明の証とみなされる。その点が最初から感情管理を放棄している場合と大きく異なる。それゆえ、引きつりながらも笑顔を作ったり、屈辱や悲しみに打ちのめされそうになりつつもそれを表に出さず、無謀な「業務命令」をこなそうとするのである。職場で人格を否定するような言動や暴力に遭遇した時、「やられたらやり返す」と相手を睨みつけて言うためには、ここまで述べたような幾重にも張り巡らされた「感情規則」の網の目をすり抜けるか破壊するかせねばならず、その労力とコストは甚大である。ハラスメントが「業務」と不可分の形態をとって現れる場合は、それが仕事なのかハラスメントなのかの判断がつきにくいため、なおさら困難である。

「洗練された」コミュニケーションの文化

感情管理自体はサービス業などの感情労働従事者に特殊なスキルではなく、「文明化された生活の基本的な技術」として誰しもが遂行している。ホックシールドによれば、日常生活における感情管理が労働の領域に組み込まれ、商業的に利用される時、それは「感情労働（emotional labor）」となる。感情労働従事者は自分の感情を抑圧したり質的に変化させたりしながら、顧客の中に快適な精神状態を作り出すことによって賃金を得ており、彼ら／彼女らの生産物は「心の状態（state of mind）」（ibid.: 6-7=6-7）である。[4]

ホックシールドの主著の一つ *The Managed Heart*（Hocshschild 1983）が『管理される心』として日本語に翻訳出版されたのが二〇〇〇年、その後、日本におけるホックシールド受容は主として看護や介護に関する医療・福祉社会学的研究や、社会福祉学、看護学、教育学などの周辺領域で盛んであった。ホックシールドの感情社会学の中でも特に感情労働の概念は、慈善、慈愛、友愛といった標語のもとに秘匿されてきた看護職や対人援助職の営為をめぐる諸々の問題群を考察する際の重要な手がかりを与えた。人の生死や生活に長期的にダイレクトに関わり、真剣な感情管理が求められるがゆえにバーンアウトの危険性も高い看護や対人援助を分析する際、現在も感情労働概念は一つの準拠点であり続けている。

しかしながら、元来、ホックシールドの感情管理や感情労働に関する議論は看護や対人援助の分析に限定的なものではない(5)。同書の中で扱われているのは、日常の基本的生活技術としての感情管理に関する議論と、それが労働の領域に組み込まれた際の一つの典型例としてのフライトアテンダントの感情労働である。フライトアテンダントは対人看護職や援助職とは異なり、一時的に顧客と関わるタイプの対人サービス業であり、もともとホックシールドの感情労働の議論の照準はそのあたりに設定されていた。

現在、感情労働によって生み出されるサービスは社会の隅々に行き渡っている。つかず離れずの距離感、開放性と親密性、快活さと穏やかさ、相手の感情に寄り添うことと巻き込まれないこと、共感的理解と冷静さ。「洗練された」サービスは、異なるベクトルの絶妙なバランスの上に成立する。日常の基本的生活技術である感情管理が商業的な場面で利用され、それが今度は日常生活における「望ましい」感情の状態や対人関係のパターンを規定する。現代人は洗練された「快適さ」の演出と、それを実現するコミュニケーションのパターンに飼い馴らされている。それが飼い馴らされていることを自覚した上での、あえての選択であったとしても。

感情管理の私的利用と商業的利用が入り組み、循環構造を形成する中で、近年、典型的な感情労働ではない職種であっても感情管理を首尾よく遂行することが職務の一部と化している。「私たちは誰でも部分的にフライトアテンダントであ」り、「他者や自分自身の感情をある程度操作する必要のある仕事についている」(ibid.: 11-12)。

働く人々は、(1)顧客や取引先との関係性の中での感情管理と、(2)職場の同僚や上司との関係性における感情管理という少なくとも二つの相の感情管理を行っている。(1)のタイプの感情管理は、「心の状態」それ自体を商品として顧客に提供し、それが売り上げや賃金に直結する点で元来のホックシールドの感情労働概念に包含されるものであるが、(2)のタイプの感情管理は元々の感情労働概念に含まれていない[6]。

しかし、近年は(2)のタイプの感情管理も業務を進める上で無視できないものとなっている。というのも、首尾よく感情管理を遂行することは、顧客や取引先から利益を引き出す際の必要条件となると同時に、上司や同僚に対してもそのような人物として自らを提示できるか否かが業績評価や人間性の評価に関わる事柄となっているためである。日頃の何気ない言動の中で、顧客とうまくやれる素養があるのか否かが常に試されている。就職活動時にコミュニケーション能力の査定が盛んに行われるのも、こうした理由による。働く人々は日頃の職場での対人関係において顧客や取引先との対人関係を再現することになり、バックヤードでの人間関係のパターンとステージ上での人間関係のパターンの境界線は曖昧になる。

ホワイトカラー／ブルーカラーという区分や、正規雇用／非正規雇用という雇用形態の違いにかかわらず、[7]また、相手が顧客や取引先なのか上司や同僚なのかにかかわらず、当該場面の感情規則を瞬時に察知し、どのような感情が求められているのかを読み取り、表層演技や深層演技のいずれかを通して「適切な感情」を表示する能力が働く人々に求められている。そうであるがゆえに、人々は「半沢直樹」のようには振る舞わない。怒りや敵意をむき出しにすることは「洗練された」コミュニケーションのパターンからの逸脱を意味し、社会人としての未熟さの徴候であるとみなされるためである。

3 ホモ・コミュニカンスの出現

感情力

それでは、生々しい感情をあからさまには表現しないという感情管理のパターンは、どのようにしてそれが洗練されたものだとみなされるに至ったのか。もちろん、職務上それが必要だとか、会社からの命令に従わざるをえないということもあるのはあるが、ここではよりマクロな、感情をめぐる文化と経済という観点から確認しておきたい。というのも、すでに述べたとおり、現代人は職務を離れても感情管理を当たり前のように遂行しているためである。

イスラエルの社会学者のE・イルーズによれば、二〇世紀は、「セラピー的言説（therapeutic discourse）」のもとに、人々の「感情生活（emotional life）」が経済学的なメタファーや合理性と結合する時代であった。そして、感情の合理化はその換位命題である、「経済的行為の感情化（emotionalization of economic conduct）」も生じさせた。イルーズは、このようなプロセスを「感情資本主義（emotional capitalism）」とする。

イルーズは、資本主義経済によって人の感情が抑圧され、社会関係が貧しいものにされてしまうといった常識的な見方に異を唱え、企業内部における合理化の進展は、むしろ「感情生活（emotional life）」の強化と並行して生じていると主張する。その経緯を概観すれば、心理学者たち（psychologists）はまず一九三〇年代にアメリカの企業に大規模に介入し始めた。彼らは心理学の専門家であると同時に文化のプロデューサーとしても振る舞うことで、「感情的行為（emotional conduct）」といった心理学的な要素と、利己心（self-interest）、効率性（efficiency）、有効性といった経済的な要素を職場の文化的レパートリーに組み込んだのである。そして、これらの結合は新しい社交性のモデル（models of sociability）、とりわけコミュニケーションのモデルを作り出した（illouz 2008: 59）。心理学者たちは、彼らの筋書き――感情のリフレクシブな管理（reflexive management of emotions）が最も重要である――と、マーケットに由来する筋書き――合理性、生産性、効率性、計算可能性が最も重要である――を結び合わせることに成功した。感情資本主義社会では、感情に関する言説と経済に関する言説が相互に相互を形づくる。

この点について、「共感（empathy）」を例に考えよう。アメリカでは一九三〇年代以来、ほぼすべての成功する経営を説くガイドブックが、ポジティブ・トーク、共感、熱意、友好的であること、快活であることを強調してきたし、最近ではスピリチュアリティやセラピー的なものがそこに追加されている。これらのガイドブックは、不安や心配を消し去り、自分自身を成長させること、自分も他者も受け入れるようなポジティブで前向きな考えを持つことを読者に奨めるものである。

すなわち、熱心で、人柄が良く、フレンドリーであるよう自己をコントロールできることが経営者にとって重要な属性の一つになった。それまでの経営者の権威はトートロジックでそれ以上遡らない類のものであったが（経営者は経営者だから偉く、能力があるに違いない）、心理学者や経営コンサルタントはプロフェッショナルな能力を感情と密接に関連づけ、経営者の人柄や感じ方がその企業の経営基盤に権威をもたらし、生産性にも資すると主張することで新たな経営者の理想像を作り上げたのである。すなわち、組織のリーダーの道徳的適合性（moral fitness）は、「感情力（emotional competence）」の有無や高低によって査定されることになった。この場合の感情力とは、自己の修養であると同時に、他者と程よい距離感を保ちつつの共感と友情、助け合うこと、寛容さなどを意味している。

親しみやすく、他者に対するポジティブな態度と他者を認める器の大きさを備えた人物であること、組織のリーダーがこのような感情豊かな人物として自己を呈示するのは、周囲からの信頼と信用を得るためにほかならない。二〇世紀の資本主義は感情力を経済活動の中心に置くような、人脈と相互依存のネットワークを生じさせた。職場内の協調性やチームワークを強調する「相互行為的—感情的（interactional-emotional）」な言説と、効率性や合理性に関する企業社会の言葉の双方が絡み合うことによって生み出された新たなスクリプトは、職場内のヒエラルキーや権力、古典的なジェンダー観を揺さぶることになった。というのも、他者の気持ちに配慮し、その観点から自分のありようを決めていくという「心理学的エートス（psychological ethos）」は、大多数を男性が占める経営者の自己を、伝統的な女性の自己モデルに適応させることを意味していたからである。ネガティブな感情をコントロールし、愛想が良く、他者目線から自分を見ることができ、他者を共感的に理解しようとするといった感情力が重視されるようになる中、伝統的で権威主義的な男性性とそれによる企業内部における支配のありかたに変化がもたらされていった。賃金や昇進、採用に係る男女差別や区別はまだまだあるが、組織のリーダーは、ただリーダーであるからとか男性だからという理由だけで敬意を払われるわけではなくなった。エモーショナルであると同時に合理的でもあるという文化的フレームは、企業内の社会的関係や地位の序列を再編成し、組織や職場の権力（power）を再定義づける（ibid.: 60）。

社会的能力としての感情管理力

イルーズは、「感情資本主義」という概念を通して、「感情コントロール（emotional control）」や

「合理化（rationalization）」という概念に付きまとうネガティブさを払拭しようとする。たとえば、C・W・ミルズの『ホワイトカラー』やW・ホワイトの『組織の中の人間』は、官僚制による支配というM・ウェーバのテーゼに触発され、組織がそこで働く人々の感情にいかなる要求をつきつけるのかについて分析した社会学的業績である。(8) こうした先行研究は、感情管理について合理的な利益追求と職場の社会的コントロールを同時に実現する手段とみなし、行為者を組織の権威を受動的に受け入れる存在として描き、合理化とは「人間的な要素（human elements）」を抑圧するものだとみなしてきたという（ibid.: 61–62）。

しかしながらイルーズによれば、感情管理は「感情の商品化（commodification of emotion）」の結果ではなく、社会的能力の本質的要素である。資本主義が勃興するよりもずっと以前に感情管理は私たちの道徳の中に存在しており、感情管理は自制（self-mastery）や冷静沈着、道徳的自律（moral autonomy）の隠喩であり、適切に訓練された人格を示唆するものであった（ibid.: 62–63）。現在、感情管理に関する規範が職場に張り巡らされているが、それは企業によって感情がコントロールされるからという理由だけでは説明がつかない。N・エリアスが示すように、感情管理は文明化の過程で生じたものであり、相互行為の連鎖をうまくさばくために必須の社会的能力として存在感を増していった。機能分化と相互依存的なネットワークの拡大により、自己は無数の社会的相互行為の海原へと放出される中、人々は自らの振る舞いや感情を多数の他者に合わせてその都度調整することになり、感情は予期可能なもの、自制されたものへと成型されていく。

現在、職場内で奨励されているセラピー的な自己コントロール（therapeutic self-control）は、合理性と感情の並存、感情を自己の中心に位置づけること、女性的観点の排除ではなく包摂、これらによって特徴づけられる。新しい形式の感情管理は、組織内のコントロールのモードを変質させた。それは伝統的な組織の社会学的研究が一枚岩的に想定していたような、企業による感情の抑圧とは異なるものである（ibid.: 63–64）。

ホモ・コミュニカンスの登場

一九世紀、経営者の用いるレトリックは「セルフヘルプ」と「適者生存」であった。資本家は彼らの有能さゆえに資本家であり、その能力が疑われることはなかった。同様に、下位に置かれた者は身体的・道徳的・知的に劣った者とみなされていた。資本主義の成長とともに、組織は効率的な生産と人的資源の管理という課題に直面する。雇用労働者が急増し、彼らを訓練する必要が強まったことから、経営層でも労働者でもない管理階級が出現した。彼らは劣った存在である労働者たちをマネージすることによって生産性を上昇させるという社会的使命を背負っていると自負する存在であった。

二〇世紀初頭、アメリカの経済学者で「科学的管理法の父」と称されるF・テイラーは、最良なやり方で作業をすれば作業時間が大幅に短縮可能であると考え、動作研究を行った。一般に、彼の科学的管理法は資本家の利益と要求にかなう非人間的なマネジメントシステムを開発したと批判されることも多いが、イルーズの診立てはそれとは異なる。すなわち、文化的観点から見ればテイラーはリーダーシップの正統性の伝統的基盤を掘り崩し、心理学者たちが介入して企業内に人間的要素（"human" element）を組織化するための素地を作ったのである。テイラーの研究は、労働者のイメージを「徳と適切なマナーを習得すべき無能者」というイメージから科学的精査の対象へ、適性や態度が試験によって測られる存在へと変質させた。また、一九世紀には経営層の権威はトートロジカルに保証され、成功とはすなわち社会的優越を意味していたが、テイラー以後、それらは自明ではなく、証明されるべき能力に変化したのである（ibid.: 64–66）。

その後、E・メイヨーらが職場内に「人間関係（human relationship）」という観点を持ち込み、一九六〇年代にはA・マズローが人間心理学を産業や組織の領域でも展開し、自己実現という個人の目的と、利益追求という組織の目的を統合させた。その間、心理学者たちは第一次大戦で負傷した兵士のトラウマの治療やモチベーションの回復に成功したことを踏み台として、企業内部に進出していく。こうした動きは、経営側の権威を再帰的に検討させ、人格（personality）が組織内での成功に最も重要であること、人間関係と感情が職場文化の中心であるとの考え方を普及させる効果をもっていた（ibid.: 66–88）。

現代の職場では、「コミュニケーション」が働く人々にとっての労働倫理になっている。そして、職場で他者との良い関係性を築く手段は、認知的——自分自身に対してリフレクシブな態度をとること、感情的——他者の感情も自分の感情の調整する、言語的——攻撃的にならず、他者に肯定的に評価してもらえるような適切な話し方について知ること――なものである。このような「コミュニケーション」のモデルは、職場での相反する命令――「自己主張や自己表現すること／他者と協働すること」、「他者の動機を理解すること／望むゴールに到達するために自分自身と他者を操作すること」、「抑制がきいていること／魅力的で近づきやすくあること」――を調和させるための言語的・感情的な技術を必要とする（ibid: 89）。

「再帰的自己（reflexive self）」（A・ギデンズ）は、共感的かつ戦略的に他者の観点を想像し、同定し、それを自らのうちに組み入れることで自己を更新していく（ibid.: 93）。経営層や管理職の自己は本質的にリフレクシブであるが、それは継続的な内省とモニタリングを必要とする。経営層や管理層は彼らの利益や計画、人脈、交渉を前進させる必要があり、他者の意見を聞き入れる一方で自分自身の主張を通さねばならない。そのため、彼ら・彼女らは他者からマネージされたかと思うと、今度は他者をマネージする。彼ら・彼女らは同胞と競争もするが、連携することもあり、ライバル会社や目上の存在からの隠れた指示を解読するようにも強いられており、記号と人との複雑なヒエラルキーを絶えず操作している。

それゆえ、この難解なヒエラルキー構造を整序するのが、「コミュニケーション」を推奨するセラピー言説である。セラピー言説は、「コミュニケーション・スキル」を通して、①感情をコントロールすること、②相互行為を読み解く記号論的スキル、③自分自身の動きを合図する（隠す）能力をつけることをうながし、これら三点の中心に再帰的自己を配置する。コミュニカティブな自己とは、記号論的な明晰さに加えて、清濁併せ呑むような感情のキャパシティを持ち、社会的絆を支配し、マネージし、操作する能力のある者のことである（ibid.: 94）。

かつて、『道徳感情論』においてアダム・スミスは、自己が「公平な観察者」と、他者の窮状に共鳴して同一化する自己とに分裂していると述べた。また、『国富論』では、各人が自らの経済的な私利私欲を追求することが逆説的に社会的調和の源泉になるという社会モデルを定式化している。なぜなら、労働者が注意深く綿密に分断されている社会では、人々は皆、お互いを必要とし、それゆえ自らの利己心にもとづく他者との市民的関係（civil relationship）に参入するからである。

しかしながら、感情資本主義におけるセラピー的なコミュニケーションのエートスは、このような社会的相互行為のモデルを侵食する。感情をコントロールすること、互いの声に耳を傾けあうこと、共感的な感情を発動させること、それによって仕事で成功することこそが流儀となるためである。アダム・スミスによる他者と共感はするが基本的に利己主義的で自己利益を追求するような「ホモ・エコノミクス（Homo economicus）」は、セラピー的な「ホモ・コミュニカンス（Homo communicans）」に取って代わられた。ホモ・コミュニカンスはリフレクシブに自身の言葉や感情をモニターし、セルフイメージをコントロールし、他者の考えに賞賛を贈る。近年の企業における人的資源管理では、感情を手なづけつつ豊かに表現すること、合理的かつ共感的であること、セルフイメージを操作する一方で他者の動機を解読することができるような、複雑な人格がモデルとなっている（ibid.: 94–95）。

資本としての感情

ここまで、感情資本主義論に依拠しながら、セラピー言説と経済合理性をめぐるマクロな動向について概観した。「倍返しだ！」と言えない社会について考えるのが本章のテーマであるため、前節までを踏まえつつ、もう一度相互行為の層に立ち返ろう。

イルーズはインタビューの分析を通して、プライベートな領域で感情的であることは「感情豊かな人」や「情緒の発達した人」として肯定的に評価されるが、職場で「感情的な人」と言った場合、その多くは「怒りっぽい人」「周囲に当たり散らす人」のことを指し、ネガティブに評価されると指摘している。企業社会の核は合理性であるため、合理的な振る舞い――感情的でないこと、セルフコントロールができること――はプロフェッショナルな能力の前提条件である。感情豊かでなければならないが、生々しい感情をやみくもに表出すればよいわけではなく、ある種のルールや手続きに沿って、その場に見合う感情の表出が求められている。感情管理は、相互行為の内容それ自体よりも、感情を交換する際のルールや条件を作り出す。

確かに、昨今の「有能な」対人サービス業従事者は、自社の製品やサービスを一方的に売りつけるようなことはしない。個々の顧客とラポールを築き、顧客の話を丁寧に聞く中でニーズをつかみ、それぞれのニーズに見合う商品やサービスをカスタマイズして提供する。彼ら彼女らは顧客に対して、この商品を使えば／サービスを受ければ、あなたとあなたのライフスタイルがこんな風に素敵になると提案する。個を大切にする姿勢と語り口、顧客が「自分は大切にされている」という感覚を持てるような関わり方、会話では自分が話すよりも多く顧客に話をさせること。その様子は、セラピーにおけるカウンセラーとクライエントの関係に似ている。

実際、たとえば、ビジネス層を主なターゲットとして全国展開しているある英会話スクールの営業職の肩書は「カウンセラー」である。カウンセラーは、受講コースの説明をするより先に、なぜ語学習得を必要とするのかという目的や用途、目標とするレベルや「こうなりたい」というセルフイメージ、これまでの学習歴などを顧客に細かく尋ねる。その後、ネイティブスピーカーによるレベルチェックを経て顧客の現在の弱点と強みを指摘し、最後に「○○様に最適な」受講コースを提案して料金の見積もりを提示する。その際、レッスン内容や日程は顧客の都合や考え方によってアレンジ可能であることを伝え、「○○様の目標達成のためにお手伝いをさせていただきます」との言葉を添える。[9]

それは商品やサービスの売り込みというよりも、顧客の自己実現の援助という様相を呈している。顧客は商品を買わされるという受け身の感覚を持つことがなく、むしろ、自分の意志で選択したという感覚を持つ。この英会話スクールのカウンセラーという名の営業職は、顧客の語学のスキルがどんなレベルであっても「出来が悪い」とジャッジすることはない。むしろ、顧客のストレングスに光を当てつつ、どんなレベルであってもそれぞれのペースで学習を進め、それぞれの目標に近づければそれでいいのだとエンパワメントする。顧客は自分が承認されているという安心感と自己肯定感の中でモチベーションを高め、高額な受講料が記載された契約書にサインをする。

このようなやり取りは、住宅や自動車の購入、高級ホテルやレストランでのサービスなどでも顕著に認められるが、程度の差こそあれ、様々な消費の場面で同様の状況が生じている。穏やかな話し方や親しみやすい笑顔、適切にマネジメントされた感情の表明によって和やかな雰囲気が醸成されるが、サービスを提供する側と顧客は決して友人同士ではない。特にサービスを提供する側は、その場の空気を壊さず、顧客を満足させるために、いつ・何を・どのように発言すべきかに細心の注意を払っている。「これは言ってもいいだろうか？」とか、「今は伝えるべきではない」とか、「それは困るし不快だが、顔には出さないでおこう」など、ある発言や感情の表明をした場合に事の成り行きがどうなるのかを心の内で瞬時にシミュレートし、判断し、それに合わせた顔とふるまいをする。

イルーズによれば、セラピー的コミュニケーション（therapeutic communication）は、感情を無条件に肯定する一方で、それを表出する際には適切で標準的な発話パターン（adequate and standard speech patterns）に従わせる手続きを社会に浸透させる。当人がある感情を感じたならば、それは価値を認められるべきであること、また、その人はその感情を感じる権利を有し、その権利が受け止められ、承認されるべきであるとみなす。誰かが「つらい」と言う時、議論は必要ない。その人は確かに今、つらさを感じているのだから。

一方で、「適切な」コミュニケーションとは、逆説的に、目の前の他者との関係性から一旦距離を置き、感情的な巻き込まれを回避することで成り立つ。感情は徐々に個別具体的な行為や関係性から遊離する。他者とコミュニケートするということは、個別具体的な関係性における自らの立ち位置からの離床化と、抽象的な発話者（abstract speaker）としての立場を獲得することだが、その時、自らと他者とをつなぐ感情的な絆は括弧に入れられて保留になる。

このように、セラピー的コミュニケーションのモデルは、感情に対するパラドキシカルな態度へと人々を導く。一方は、ある感情が感じられたなら、それらの価値を無条件に肯定し、正統なものだとみなす「感情主義（emotivism）」を強化する方向であり、もう一方は、パッケージ化された発話手続きに従うことで、怒りや恨み、欲求不満といった感情のダイナミクスを中和し、ニュートラルなものに変化させるような方向性である（Illouz 2007: 36–39）。

ホックシールド流に言いかえれば、感じられた感情はそのままストレートに表明されるのではなく、いったん点検され、操作され、修正され、一連の管理の工程を経た後に表明される。「贈り物としての感情」は、差し出される前に瑕疵がないか慎重に確認されねばならない。管理工程を経ない生のままの感情は、温度や濃度が高すぎたり形がいびつだったりするため、プレゼントボックスに納まらない。したがって、表明される感情は常に温度や濃度が人為的に管理されたもの、できるだけ無毒で害のないものになる。感情的にならずに感情を表明する社会では、それに並行して、自発的に感じられた感情がその価値を絶対的に肯定され、そこにこそ真実があるかのような感覚を人々に呼び起こす。感情管理と感情労働が常態化する中で、「管理されない心」（Hochschild 1983: 190=2000: 218）の価値が上昇する。

感情コントロールは社会的権力、特に状況を操作し、状況に対する他者の反応を操作し、彼らを支配するような能力と密接に関連する（Illouz 2008: 100）。感情資本主義社会では感情コントロールが自己感覚や能力観の中心に位置するとみなされるゆえ、自らの感情をコントロールすること、他者の感情について共感的に理解しつつ、それに巻き込まれない態度を習得することが精神的にも社会的にも強き者、社会的優越の証とみなされる。自分の感情であろうと他者の感情であろうと、感情をきめ細やかに感じたり察したりする一方で決してそれに没入せず、一歩引いた態度で感情をコントロールすること、手続きに則って発話することが他者と状況を操作することにつながり、ひいては他者と状況を支配する権力になりうる（ibid.: 101–103）。そして、このような能力や権力を有しているか否かが出世や昇進、富や人脈の拡大、社会階層の異動に大きく影響するという意味で、感情は「資本（capital）」（ibid.: 214）である。

4　むすびに代えて

厚生労働省による「職場のパワーハラスメントの予防・解決にむけた提言」に、パワーハラスメントをなくすために「職場の一人一人に期待すること」として挙げられているのは、「互いを受け止め、人格を尊重しあう」こと、「互いに理解し協力しあうため、適切にコミュニケーションを行うよう努力する」ことである（厚生労働省 2012b）。

しかしながら、ここまで見てきたように、大多数の働く人々はすでに十分すぎるほどに互いの人格を尊重しあおうと試み、適切にコミュニケーションしようと努力を重ねている。感情を管理し、適切な種類と分量の感情を適切な場面で差し出すことができるか否かが「社会的権力」や「資本」に緊密に結び付いていることを、皆、肌で感じているからである。現代の職場には「首尾よく感情をマネジメントしなければならない」「コミュニケーションを円滑にせねばならない」「チームで協働せねばならない」という規範が強力に作用している。コミュニケーションの内容よりも形式が重視され、「適切なコミュニケーションを遂行すべき」ということが至上命令となる時、「倍返しだ！」との発話は封じ込まれる。

ハラスメントの予防や撃退、それに向けた啓蒙と労働環境の整備は必要だろうが、それとともに重要なのは「倍返しだ！」と言える感情文化やコミュニケーションの回路を模索することである。そうすれば「倍返しだ！」と思い詰めるほどに怒りや不快感、悲しみや恨みが蓄積される事態そのものを回避でき、「倍返しだ！」という発話自体が根本的に生じなくなるのではないだろうか。

第2章 メンタルヘルスという投資
――メンタル不調＝リスク＝コスト

1 はじめに――人的資源管理の医療化

近年、働く人のうつ病や自殺が社会問題化するにつれ、メンタルヘルスケアへの関心が高まっている。二〇一五年度から義務付けられたストレスチェック制度は、「メンタルヘルス不調の未然防止のために」行われ、ストレスの原因や心身の自覚症状、周囲のサポートに関する各質問項目から構成されており、高ストレスだと判定された者については医師の面接指導が行われる。これはうつ病のリスクや自殺のリスクについて直接計測するものではなく、メンタルに不調を来たす前の段階での予防ために、職場でのストレスレベルについて点検し、本人の自覚を促すものである（厚生労働省 2014a, 2014b）。最新の労働安全衛生調査によれば、二〇一八年度にメンタルヘルスケアに取り組んでいる事業所の割合は六割弱、ストレスチェックを実施した事業所の割合は六割強であり、仕事や職業生活について強い不安・悩み・ストレスを感じる事柄がある労働者の割合は六割弱となっている（厚生労働省 2019c）。

振り返れば、二〇〇〇年に出された電通事件の最高裁判決は（二〇〇〇年三月二四日）、その後の労働安全衛生の行政や民間サービスの展開に大きな影響を及ぼした。前年の一九九九年には、精神障害に関する労働災害の申請件数の増加と現場の混乱を背景として、審査基準や結果の斉一性を保つために「心理的負荷による精神障害等に係る業務上外の判断指針について」が示された。これは二〇一一年に「心理的負荷による精神障害の認定基準」として改定され、現在も精神障害や自殺の労災案件の認定基準として用いられている（厚生労働省 2011a, 2011b, 2011c, 2011d, 2011e）。また、二〇〇六年の「事業場における労働者の心の健康の保持増進のための指針」では、「四つのケア」が提唱され、心身のセルフケア、上司や管理職による職場のメンタルヘルス管理（ラインケア）、職場内の専門家によるケア、外部の専門家によるケアという多層のケアにより、メンタル不調を予防し、それをケアする体制づくりが始められた。メンタル不調による休職者の職場復帰についても体制が整えられつつある（厚生労働省 2006, 2013a, 2013b）。

従業員のメンタルヘルス対策は、こうした行政の動きに連動して事業主側が実施することが多く、労働組合の側では、それにより労働者が不利益な扱いを受けることがないように個人情報の保護や尊重を訴えてきた。ストレスチェック制度では、医師による面接を希望した時点でその個人データが事業主にも共有されるため、労働者の立場を守るためには、より一層の監視が必要だとの主張がなされている。ただし、ストレスチェック制度では、労働組合もまたストレスチェックの設計や実施の主体になりうると位置づけられていることもあり、メンタルヘルス対策それ自体に否定的な向きは少ない（根本 2016）。

労使にかかわらずメンタルヘルスの啓蒙がなされ、関連法規が整備され、社会保障制度によって精神障害の労災が補償されるようになっている。個人レベルから中間集団、企業、国家レベルに至る幅広さで、働く人々のメンタルヘルスとそのケアへの動きが加速している。それにともない、EAP（Employee Assistance Programs; 従業員支援プログラム）を提供する企業（EAPプロバイダーとも呼ばれる）が特に大都市圏において数を増やしている。EAPは、従業員に対する短期カウンセリングを商品として顧客企業に提供し、従業員のメンタル不調に対応することで職場の生産性の維持向上を目的とするものである[1]。

E・イルーズによれば、「感情資本主義」（Illouz 2007: 5, 2008: 60）においては、経済的関係がますますエモーショナルなものとなる一方で、親密な関係性が売買契約や交換、公正といった経済的政治的モデルによって規定されるようになる。「非感情的な公的領域／感情に満たされた私的領域」という従来の「公／私」の分割軸は有効性を疑われねばならない。働く人々のメンタルヘルスケアを概観すれば、合理性、効率性、契約、交換といった経済的政治的論理が支配的であった仕事や職場という領域において、個々人の精神状態や感情、気分、上司や同僚との関係性など、非合理でパーソナルなものが前景化している。

これまで、医療社会学の文脈では狂気や精神疾患の医療化についての議論が、心理学化論の文脈では「心のケア」やカウンセリングに関する社会学的分析がそれぞれ行われてきた。また、産業社会学や組織社会学の文脈においては感情が職務上のパフォーマンスに与える影響が論じられている。しかしながら、働く人々のメンタルヘルスケアに特化した社会学的分析はこれまでに十分に展開されてきていない。それゆえ本章では働く人々のメンタルヘルスケアについて、現代人の感情を取り巻く産業、福祉・医療、文化の結節点とみなし、感情資本主義の観点から捉えなおす。分析対象はEAP会社の幹部に対するインタビューやメンタルヘルス研修会の参与観察で知りえた内容などである。

ストレスチェック制度の義務化にともない、働く人々の心の監視が強まる恐れがあること、ならびに福利厚生であるはずのメンタルヘルスケアが、結局は従業員を効率的に働かせるための方策として利用されるのではないかとの懸念が精神科医や労働組合などから表明されていた。また、産業場面のカウンセリングで存在感を高めていたEAPをストレスチェックの実施主体に含むかどうかについても議論がなされたが、最終的にEAPは実施主体としては含まないということで落ち着いている（医師や保健師等と組んだ「共同実施者」としてであれば参画可能）。EAPは、効率性と生産性の維持向上を明確に掲げるカウンセリングプログラムである点で、ストレスの一次予防を目的とする制度に組み込みにくいと判断された。ケアの文脈に効率性はそぐわないということだろう。

しかし、感情資本の観点からすれば、メンタルヘルスケアや福利厚生と効率性や生産性の維持向上は対立するものではなく、両者は互いに結びあわさっている。

したがって本章では、感情を感じることと合理的であることが実際にどのように結び付くのかを理解するための例として、ＥＡＰを取り上げる。働く人々の感情の周囲には、どのような専門職が存在するのか。どのような枠組みによって働く人々の感情が解釈・操作あるいは解放されるのか。組織的な感情のケアと管理はどのように行われるのか。合理性や効率性が要求される職場という領域においてどのような種類の感情が「不適切な感情（misfitting feeling）」（Hochschild 1983: 63-68=2000: 72-78）とみなされており、それはどのようにして発見され、解消され、「適切な」感情へと成型されるのか。これらの問いにこたえることを通して、「効率的な業務遂行」と「感情に向き合うこと」がいかにして両立するのか、「効率的であるためにこそ感情を利用する」ということの具体的様相とはどのようなものかについて明らかにする。

2　働く人々のメンタルヘルスケアをめぐる専門職

産業医

メンタルヘルス周辺には、さまざまな専門職が存在している。それぞれの専門職がそれぞれの観点から働く人々のメンタルヘルスに携わるが、行政上、その中心的役割を担うべく期待されているのは産業医である。

労働時間が長くなると不眠やうつ病を引き起こし、ひいては自殺につながるとの認識が広まったことから、二〇〇六年には労働安全衛生法の一部改正が行われた。これにより事業者には、長時間の時間外労働に従事した者に対して医師による面接指導等を実施する義務が定められた（改正労働安全衛生法 第六六条の八、九）。また、うつ病などで休職した者の復職判定には必ず産業医が関与することが定められており、産業医は休職者と管理監督者や人事担当者を交えた面談の場を設定してサポートにあたる。昨今のストレスチェック制度の実施主体の筆頭に挙げられているのも医師である。

専門職としての医師の社会的地位や威信は高く、「癒すという行為の象徴であって、その権威は他の全ての治癒職種に優っている」（Freidson 1970=1992: 15）というが、産業保健の領域においても他の専門職と比して医師の優位性は確保されている。

しかしながら、その絶対数の不足や安全衛生法上の選任条件、産業医の専門領域の問題、事業主側の姿勢などから、十分に機能しているとは言いがたい面もある。ある程度以上の規模の企業でないと専属の産業医がおらず、産業保健スタッフ自体がいないという事業場も珍しくない。ＥＡＰが日本に導入されて間もない頃、精神医学系の産業医がいる企業は三割程度であった（日本生産性本部 2010）。さらに、産業医はもともと内科を専門とする者が多く、精神疾患の対応には熱心でないことが少なくない。これは従来の産業保健では身体的健康についての検診や診察が中心だったことに起因する。

産業医は、事業所内の診療所に常駐して職場の巡回を頻繁にしている場合もあれば、開業医が産業医として事業所と契約し、普段は巡回することもなく、健康診断時にサインをすることが主要な業務になっているような場合もある。後者の場合、産業医の存在が有名無実化しているのだが、これには事業主側の姿勢――たとえば何かあった場合に、企業コンプライアンスで窓口を置いていることさえ示すことができればそれで良いというスタンス――も関わっている。

EAP

医療社会学者のE・フリードソンによれば、「医療の内部には、多様な仕事の領域への統括権と支配権をめぐって互いに闘争を繰り広げる複数の党派が存在する」(Freidson 1970=1992: 16)。「働く人々のメンタルヘルスケア」という近年開拓が進むフロンティアでは、領土をめぐって複数のメンタルヘルス系の専門職が乱立している。というのも、メンタルヘルスケアとして行われている内容には治療や医学的処置の必要のないこと、医療とは異なる水準のことが数多く含まれており、さまざまな職種がメンタルヘルスケアに参入する余地があるためである。

現状のメンタルヘルスケアでは、セルフケア、上司や管理職によるケア、産業医や心理系専門職などの専門家によるケアという複線的なケアが行われている。ケアの対象となるのも、うつ病などの疾患で医学的治療が必要なレベルから、職場や家庭などで日々感じるストレスをカウンセリングやセルフケアで軽減させれば対応可能なレベルのものまでが範疇に入る。それゆえ、比較的軽微な問題であれば働く人々を対象として簡単なストレスマネジメント法やアサーション・トレーニング（人間関係に波風を立てない自己主張方法の訓練。相手の顔を立てながら自分の意見や要求を伝えるスキルをロールプレイングなどを通して習得する）について研修を行ったり、上司や管理職を対象として部下への対応についてコンサルテーションを行ったりすること、長期化しそうな場合は専門医を紹介することなどで足りる（それで十分かどうか、そもそもそうすべきかは別の問題として）。これらのケアは医療行為としての診断や治療を含まないため、医師免許を保持する者によらずともかまわない。

医師以外のメンタルヘルス関連の専門職として、日本では一般に、臨床心理士、精神保健福祉士、公認心理師、産業カウンセラーなどがある。これらのうち、どの専門職が働く人々のメンタルケア領域で主要な地位を占めることになったとしても、それは偶有的なことである。働く人々のメンタルヘルスケアという領域は、まだ開拓されて日が浅く、どこまで拓かれるのか未知である。ケア対象の範囲や、何をすればケアと呼びうるのか、どのような方法論でケアを行うのかについての統一見解が関係者の間でも見い出せていない。それゆえ、自らの正当性と能力を周囲に納得させた者が領土拡大のイニシアチヴをとることができる。

現在、日本の働く人々のメンタルケア領域において、種々の専門職の隙間を縫うようにして成長を遂げているのはＥＡＰを提供する民間企業である。ＥＡＰとは、職場の人間関係や職場環境のストレス、リストラ、セクハラ、パワハラ、アルコール依存や薬物依存など、職務の遂行を阻害するような何らかの問題を抱える従業員に対するアセスメント、短期カウンセリング、専門医への紹介サービスなどを行うプログラムである（Mashi 2007a: 5, 2007b: 5）。従業員自らが相談に訪れることもあれば（セルフ・リファー）、上司から紹介される場合もある（マネジメント・リファー）。また、企業が自社内にＥＡＰの専門家を置く場合（内部ＥＡＰ）もあれば、社外のＥＡＰ会社と契約して業務委託する場合もある（外部ＥＡＰ）。外部ＥＡＰの場合、当の企業は自社の従業員のメンタルヘルス対策をＥＡＰ会社にアウトソーシングしているかたちになる。

アメリカでは二万を超えるＥＡＰ会社が存在しており、ＥＡＰ加入者は数千万人規模である。日本ではＥＡＰに関する一般的な認知度はまだ高くないが、大都市圏を中心に急速な広まりを見せている。

ＥＡＰコンサルタントがその他のメンタルケア専門職と自らとの違いを語るロジックは次のようなものである。すなわち、「産業カウンセラーは産業場面に慣れていて、相談者の話を聞く訓練はできているが、精神疾患に関する知識に乏しく、アセスメントや危機介入を任せることはできない。一方、臨床心理士は精神疾患に関する知識があり、アセスメントや危機介入の経験はあっても、産業場面や労働衛生に関する知識や経験に乏しい。精神保健福祉士は病院や施設で雇用されており、ＥＡＰの枠に入ってくる人がいない。しかしながら、ＥＡＰコンサルタントならば精神疾患に関する知識や経験と、産業・労働衛生に関する知識や経験の双方がある」（市川 2007, 2004: 122-123）。こ

うした言明は、慎重論はあれ、行政や産業医の側にもある程度まで受け入れられていた（柳川 2007: 19）

すなわち、ＥＡＰは「産業場面に特有のカウンセリングサービスというものがあって、自分たちはそれを提供できる」として自らと他のメンタルケア職との差別化を図ってきた。それでは一体、産業場面に特化したメンタルケアとはどのようなものなのか。言いかえれば、どのような種類の感情がケアの対象とされ、どのような専門的介入が行われるのか。次節では、ＥＡＰの基本的な考え方や働く人々のメンタルヘルスケアの実際について観察することにより、働く人々の組織的・制度的な感情管理がどのように行われるのかについて記述する。そのことを通して、私たちは現代資本主義がどのように感情を利用するのか、職場において効率性と感情が結合するプロセスについて知ることになるだろう。

3　メンタルヘルスケアの商品化

アメリカからの輸入

ＥＡＰは一九八〇年代のアメリカで開発・設計された(2)。一九九〇年代後半の『フォーチュン』誌に記載されている上位五〇〇社のうち、ＥＡＰを導入している企業は約九五パーセントに及んでおり、九〇パーセントは外部ＥＡＰである。アメリカには、ＥＡＰ会社を認証する組織としてＥＡＳＮＡ（Employee Assistance Society of North America）があり、ＥＡＰコンサルタントの資格認定団体としてＥＡＰＡ（Employee Assistance Professionals Association; 国際ＥＡＰ協会。本部はバージニア州、世界三〇カ国の五〇〇〇人以上の会員で構成）がある。(3) ＥＡＰＡはＣＥＡＰ（認定ＥＡＰコンサルタント）の認定や、「ＥＡＰ会社は何をすべきか」を細かく定めた「ＥＡＰコア・テクノロジー」を規定する。外部評価機構としてＥＡＰやカウンセリング、社会福祉機関などのプログラム評価と認証を専門とするＣＯＡ（Council on Accreditation）が、ＥＡＰの審査を行っている（ただし、ＥＡＰがＣＯＡの審査を受けることは義務ではない）。

すなわち、アメリカではＥＡＰが一つの産業として確立しており、それを提供する企業が数多く存在し、従業員のメンタルヘルス対策のアウトソーシングが進んでいる。また、学歴の縛りや認証機構や職能団体の組織化、外部機関からの評価を受けることなどによって専門家としての質と地位を確保している。

一方、日本におけるＥＡＰの歩みを振り返れば、一九八〇年代に一度、職場のアルコール依存対策として紹介されたことがあるが、当時は定着しなかった。一九九六年に通信機器メーカー・モトローラの日本法人がＥＡＰを導入し、この時、ＥＡＰが日本で初めて機能したとされる。一九九八年に日本ＥＡＰ協会が設立され、二〇〇〇年七月には国際ＥＡＰ協会の正式支部として承認された。当時、日本ＥＡＰ協会の会員数は一二〇名、日本国内におけるＥＡＰ会社は約五〇社であった。

「日本でのＥＡＰ黎明期」（市川 2007: 31）と言われたこの時期、各社のサービス内容は多岐にわたっていた。ＥＡＰのコア・テクノロジーを包括的に提供している日本のＥＡＰ会社は一〇社足らずであり、残りの四〇社は従来からある人事コンサルティングや健康診断の付加サービスとしてストレスマネジメント研修や個別カウンセリングなどを実施し、それをＥＡＰと称しているにすぎなかった（同前; 市川 2004: 33）。ＥＡＰ会社の幹部であるＡさんによれば、「日本の場合、ＥＡＰ会社を設立するための規定っていうのがまったくないんですね。なので、たとえば、街で、個人で開業していらっしゃるカウンセラーの方が、「企業の従業員の方の面倒も見ますから」というので「ＥＡＰもやってます」と言おうと思えば言えてしまうんです、明日からでも今日からでも」。

フリードソンによれば、専門職の要件は「自律性（autonomy）」である（Freidson 1970=1992: 124）。「免許制（licensure）」を通して名称や業務を独占すること、職務内容に対して他からの指示を受けず、統御権を持つのが専門職である。この観点からすれば、アメリカのＥＡＰは資格やコア・テクノロジー、第三者評価による認証などによって専門職としての自律性を保っているが、導入当時の日本のＥＡＰには資格制度もなく、職務の範囲も不明瞭であり、一般への認知度も高くない。専門職としての自律性は確保されておらず、新規参入の壁も低いという特徴があった。現在では、ＥＰＡの国際ライセンスであるＣＥＡＰ－Ｉの資格試験が翻訳され、日本人ＥＡＰコンサルタントがグローバルに活動する基盤が整えられている。

生産性の維持向上のためのメンタルヘルスケア

ＥＡＰは一般的なカウンセリングや電話相談とは異なり、従業員の業績や生産性の維持・向上を目的とするプログラムである（市川 2004: 56-57）。市川によれば、「メンタルヘルスは病気の治療に焦点を絞っているが、ＥＡＰは従業員の生産性や業績に焦点を絞っている」（ibid.: 58）。すなわち、ＥＡＰでは重篤な精神疾患に対する治療や対症療法が行われるわけではない。職場における生産性の維持・向上が主眼となるため、疾患になる手前の段階、基本的には健康だが過重労働や職場の人間関係や、家族の介護や育児などでストレスを感じているという段階での介入がなされる。

インタビューでのＡさんの言葉を拾うと、次のようになる。

Ａ氏：セルフ・リファー、セルフケアの部分で言うと、上司とウマが合わないですとか、あとはそうですねぇ、仕事が忙しくてワーク・ライフ・バランスがうまく取れないんですとか。いわゆるＥＡＰでイメージされるメンタル疾患、重いケースはもちろんゼロではないんです、たくさんありますけれども。もともとは企業で活躍されてらっしゃる方が大前提なので。

基本的に企業で問題なく働けている人が、多少なりともストレスを感じた場面で使うのを想定しているのかと確認したところ、Ａさんは、「そうですね。極力そのステージで使っていただくことをお願いしています」と答えた。また、ＥＡＰが何を目的としているのかについて問うたところ、次のような答えが返ってきた。

Aさん：一〇〇の力を持っている人は一〇〇の力かそれ以上を発揮してもらいましょう、元気に活躍してもらいましょう、というのが一番の大義です。（…）ＥＡＰのもともとの主眼としては、メンタル疾患の方のケア、というだけではなくて、職場自体の全体の生産性の維持向上という大きな大義《ママ》があるので、それを助けるためのコミュニケーションスキルの研修ですとか。

職場の人間関係の軋轢、職場環境の変化、育児、家族の介護などで遅刻や早退、欠勤が増えたり仕事に集中できない状況が生じると、業績や生産性が落ちる。その時、ＥＡＰコンサルタントは、当該の働く人々に対してセルフケアの方法や上司や同僚とのコミュニケーションのとり方などについてアドバイスする。その際に用いられる技法は、ストレスマネジメント法やリラクゼーション法、アサーション・トレーニングなどである。

商機アリ

生産性の維持・向上という目的遂行のため、ＥＡＰは働く人々本人の相談に応じるだけではなく、上司や管理職に対するコンサルテーションや組織への働きかけも行う。Ｂ社では、「ラインの方からの相談が多いです。人事の方とか管理職の方から、従業員の方に関するご相談が多い」。相談内容も、「欠勤が続く部下がいる」とか「部下同士の不仲がどうしようもない」といったものまでさまざまであり、「必ずしも、うつで休んでいるとか、いわゆるメンタル疾患に限らない」（Aさん）。

職場に体調が気になる部下がいる場合、ラインケアを機能させるために、EAPコンサルタントは「上司が部下への対応について相談できる窓口」となる。上司にコンサルテーションすることを通じて、部下が相談室を訪れるように促し、うつ病の早期発見やパフォーマンスレベルの深刻な低下を防ぐという。

また、特定の職場から同じような相談がたくさん出てくる場合は、個人の問題というよりも組織の問題と考え、管理職に対してヒアリングやコーチングを行う。A氏は、通常のカウンセリングとEAPの相違点について、「EAPの場合、そういった組織へのアプローチがあるというのが大きな違いですね」と語る。

管理職へのコンサルテーションにニーズが生じる背景には、職場のうつ病罹患や自殺が社会問題化する中で、管理職が業務の采配や進行状況の管理監督だけではなく、部下の心の健康管理にまで目を向けるよう求められていることが挙げられる。職場におけるストレッサーの同定とその除去、「いつもと様子の違う部下」の把握、部下からの悩み相談に応じること、メンタル不調で休職した部下の職場復帰のサポート体制を整えることなどは、いまや管理職の日常業務の一部となった。良い上司であろうとすれば、部下の話を傾聴し、共感的な態度でありのままを受容するカウンセリングマインドが欠かせない。モチベーション、ハイ・パフォーマンス、人格の成長、自己実現、コミュニケーション、他者理解、アサーティブネス、相互尊重、ストレス・コントロール、アンガー・マネジメントなど、ビジネス系自己啓発書を彩る心理学用語を用いて仕事を指示し、部内の調整を図るほうが有能な上司像を呈示できる。

社会学者の渡辺聰子はポストモダンの社会における仕事意識について調査を行っているが、それによれば、仕事を自己実現の手段と捉える「自己実現至上主義」が定着しており、その傾向はとりわけホワイトカラー層や専門職層において強い（渡辺 2008）。さらに、「国民生活に関する世論調査」では、「どのような仕事が理想的だと思うか」という問いに対して、首位は「収入が安定している仕事」だったものの、僅差で「自分にとって楽しい仕事」「私生活とバランスのとれる仕事」「自分の専門知識や能力が生かせる仕事」との回答が続く。自分の能力や知識を活かすことができ、自分が輝ける仕事を求める傾向は大都市圏ほど高い（内閣府 2019）。つまり、「労働からの解放ではなく、労働によって満たされる」（Rose 1999: 104）ことが人々の願いであり、充実感や満足感を得るための仕事術のセミナーや勉強会も諸々開催されている（この点については第6章であらためて論じる）。

仕事を自己実現の手段とみなす趨勢、大衆化された心理学的知識によって職業人としての自己を語ったり人間関係や職場環境を観察したりすることの一般化、そして過労自殺の社会問題化。ＥＡＰの日本への導入は、その「商機」を見逃すことなく行われた。

4 メンタル不調＝リスク＝コスト

福利厚生としてのメンタルヘルスケア

既述の通り、働く人々のメンタルヘルスに注目が集まるようになった転換点は、電通事件に対する最高裁判決である。一九九〇年代初め、新入社員だったO氏は三日に一度の徹夜の常態化という過重労働と飲み会の席で靴にお酒を入れて飲まされるなどのパワハラを受け、うつ病を罹患し、自殺した。これに対して最高裁は、従業員の心身両面にわたる事業主の安全配慮義務を明確にするとともに、電通の安全配慮義務違反による賠償責任を認めた。本件では最終的に一億六八〇〇万円の損害賠償金（遅延損害金含む）が支払われている（川人 2006）。

電通事件を契機として、職場には身体面での健康を脅かすリスクだけではなく、メンタルの不調を招くリスクが潜んでいることが「発見」された。それゆえ、続く労働安全衛生行政では、働く人々の「心の健康」に関する施策が立て続けに実行された。そこでは事業主が従業員のメンタルヘルスに配慮することが義務となっているが、それは効率性や生産性重視に偏る労働環境から働く人々を保護することを（少なくとも表向きは）趣旨とするものであり、メンタルヘルスケアを通して更なる生産性の維持向上へと向かわせることではなかった。だが、感情をめぐる文化やニーズを背景に、ＥＡＰはたくみに産業保健の領域に入り込んでいく。

職場におけるメンタルリスク＝「不適切な感情」

近年のメンタルヘルスケアで特徴的なのは、リスク思考である。自殺は、「覚悟の上の自殺」や「自由意志による死」ではなく、「避けられる死（avoidable death）」、適切な対応をすれば「予防可能な死因」（本橋・渡邉 2005:20）であるとの認識が一般化している。この枠組みでは、うつ病は自殺を引き起こす最大のリスク・ファクターとして位置づけられており、それゆえ、自殺予防ではうつ病予防に焦点が絞られる（同前：61）。産業保健の領域においても、こうした認識枠組みは踏襲されている。

「職業性ストレス簡易調査票」や「労働者の疲労蓄積自己診断チェックリスト」などでは、初めに、仕事の量、時間、職場の人間関係、働き甲斐など仕事に関する状況について振り返り、次に、怒り、イライラ、不安、落ち着かなさ、不眠、疲れやすさなどの精神面と身体面の状況についてチェックする。そして、上司や家族など周囲からのサポートの程度を振り返り、最後にストレスの程度を判定する。これらの評価票は産業医による巡回や面接、働く人本人や管理職を対象としたストレス研修会等で広く利用され、働く人自身の健康リスクならびに職場の健康リスクの判定に用いられ、労働条件の改善や職場の環境改善に役立てられている。

イギリスの社会学者N・ローズによれば、一九九〇年代までに精神医療の専門家たちの職務は治療的なもの（therapeutic）よりも管理的なもの（administrative）へと変化した。管理的とは、ある人物の抱えるリスクを計測し、将来の行動を予測してケアないしはコントロールすることで社会の安全を保つという意味である。ケアとコントロールはリスクという概念を通じて結び付く（Rose 2002）。
生産性の維持向上を目的としたメンタルヘルスケアの中で健康リスクの判定が行われると、どうなるのだろうか。B社では、来談者に対して初回インテーク面接の際に「ベックのうつ病評価尺度」を用いてうつ病のスクリーニングを行う。うつ病リスクが高い場合はさらに面接を行い、今度は自殺リスクを測定する。評価票を通して、怒りやイライラ、不安、憂鬱などの感情に自ら気づかせ、ハイリスク保有者をセルフケアやラインケア、専門家によるケアなど、メンタルケアのネットワークに乗せていく。この時、怒りやイライラは職場という領域において「不適切な感情（misfitting feeling）」（Hochschild 1983: 63-68=2000: 72-78）とみなされることになる。チェックリストによって明るみになった「不適切な感情」は、本人によるリラクゼーション法の実施やコミュニケーションスキルの実践、管理職や社内外の専門家によるケアなど、幾重ものメンタルヘルスケアのネットワークの中で「適切な感情」——たとえば、明るく快活に、何事もポジティブに捉える——へと変容させられる。それでも十分でない場合は社外の専門クリニックへ振り分けられる。

Aさん：コミュニケーションスキルというのがやはり求められますので。アサーションとか、あとはポジティブ・シンキングですね。マイナス思考にならずに、プラスのイメージを持ちながら働きましょう、と。（…）治療が必要な傷病休職の方の対応ということになると、私どもの場合は提携先という形で医療へつなげたり、と。そんなことをしています。

投資としてのメンタルヘルスケア

ＥＡＰには、カウンセリングやストレスケアなどの医療的支援系と、組織・個人のモチベーションの向上や人材・組織開発という人事戦略系とが含まれる（市川 2004: 34-35)。ＥＡＰコンサルタントは、心理療法や精神療法の専門的知識やスキルを持つとともに、人的管理や組織コンサルテーションの知識やスキルも併せ持つ存在である（同前：46)。

ＥＡＰ会社は私企業であるため、商品としてメンタルヘルスケアのプログラムを顧客企業に提供する。その地平では、メンタルヘルスケアは医療福祉の実践ではなく、利潤を生むサービスであり商品として存在している。ＥＡＰの開発設計者であるマッシー教授のマッシー・リサーチ・コンサルタント社の顧客名簿には、ファイザー、ＩＢＭ、メリルリンチ、トヨタ自動車、レッドソックスといった数多くの企業が名を連ねている。Ｂ社の顧客企業の規模は数千名から百名程度のものまでさまざまで、外資系もあれば国内企業もある。顧客企業の業種も、製造業やシンクタンク、ＩＴ系企業など多様であり、特段の偏りやトレンドはない。

ＥＡＰ会社は、顧客に自社の商品を売り込む際、顧客企業の人事に対してＥＡＰを導入した場合の費用対効果を示す。ＥＡＰの一般的な料金は、従業員一人あたり年間二〇〇〇円から四〇〇〇円で、従業員二〇〇人の企業なら年間六〇万円程度になる。提供されるサービスは各社によるが、八回前後の対面カウンセリングが含まれる。ストレスマネジメントなどの各種研修は別料金で、一回二〜三時間の研修会で一〇〜三〇万円程度が相場である（同前：214-215)。

ＥＡＰ会社は、顧客企業に対して人事戦略としてＥＡＰを導入した場合に上記の料金を支払っても十分にペイするということを説得する。その時、自殺やうつ病、職務に対する不満、職場の人間関係上の摩擦、イライラや怒りなど、従業員の心身の健康リスクは、事業主からみた経営上のリスクへと再定義されることになる。

つまり、仮に一人の従業員が怒りや不眠など、心身の健康リスクをうまく管理・解消できずにうつ病を発症したり休職したりした場合、事業主には医療費や傷病手当金などの補償費用のほか、休職者本人の賃金の補填、休職者の穴埋めにあたる人材の人件費や教育費、離職した場合の新規採用にかかる費用、対応に当たる管理職の時間的物理的な費用、他の従業員のモラールの低下、風評被害などのコストがかかる。これらのコストは事業主にとってはリスクとして認識される。

したがって、経営側にとって従業員のメンタルヘルスケアとはリスクマネジメントであり経営コストの抑制を意味する。それゆえ、ＥＡＰ会社のセールストークではメンタル不調＝リスク＝コストをできるだけ抑制するために、ＥＡＰを導入して従業員のメンタルヘルスに配慮し、感情のコントロールを的確に遂行していくことで企業全体の生産性の向上と収益につなげる、というストーリーが展開される。

Ａさん：ＥＡＰの場合は、最終的にご契約者様は企業様ですから、ご相談の中で、これは本人のリスクだけではなくて、放置すると会社のリスクに当たるよ、と。そういうことにまで対応していくのがやっぱり違いですかね、はい。

また、過重労働や仕事の裁量性の低さなど、職務上の困り事があっても、それを人事や管理職に言い出せない人も多い。そうした場合、EAPコンサルタントは、当該企業の労働条件に直接的な口出しはせず、上司や管理職への話の切りだし方や相談の持ちかけ方を助言し、コミュニケーション・スキルの部分でのみ関わる。場合によっては本人の許可を得た上で、人事や管理職とともに相談に応じる。

Aさん：仕事が集中している従業員の方からご相談があった時には、やはりその、労働環境の部分については、EAPは変えることができないので。そこはうまく、「じゃ、誰と誰に関わってもらいましょう」と。「じゃあこういう言い方してみましょうか」というようなことを（提案する）。基本はまぁ本人で解決してもらう方向ですけれども。そういった特に労働環境の部分、その場合は巻き込んで、人事の方とか管理職の方に積極的に入っていただくようにお願いしていいます。

こうすることによって、当の問題が解決するかは定かではない。おそらく、実際的な問題解決が重要なのではなく、経営側が「話を受け止めた」という形式が整うこと、働く人々が「自分の話を受け止めてもらえた」と感じる場を創出することこそに意味があるのだろう。かつては労働組合による団体交渉が行われていたが、組合の組織率の低下が顕著になり、雇用形態や職業観の多様化が進んでいる現在、一口に働く人々といっても一枚岩ではなく、皆の利益を代弁するような主張や運動が展開されにくい状況にある。そうした中で、労働問題がストレスの問題や健康問題として再定義され、個別に対応されるものとなっている。

過労自殺で訴訟になれば、経営側は多額の賠償金を支払うこともある。事業主は、訴訟や内部告発による風評被害を防ぐことができるなら、EAP導入のコストなど微々たるものだと考える。マッシーによれば、EAPは従業員のための福利厚生ではなく経営戦略の一手段である。「企業には、投資と位置づけるように指導している。EAPは福利厚生ではなく、投資である」(Masi 2007a)。

5 むすびに代えて

イルーズによれば、感情資本主義社会において感情は、心理学的モデルのもとに考慮され、表現され、議論され、話され、交渉され、正当化される対象となる。感情は具体的な関係や状況の中で惹起されるものであるが、近年有力な「コミュニケーション」モデルは、感情のダイナミクスや関係性をニュートラルなものにする発話手続きにそれらを従属させる一方、その感情が表現されたというまさにその事実によってその感情には絶対的な正当性があるとみなす「感情主義」を強化する(Illouz 2007: 36-37)。

生産性と効率性の維持向上をめざすメンタルヘルスケアを概観することで理解できるのは、職場という領域における働く人々の感情は、上から一方的に抑圧されたり、最初からなかったことにされたりするのではないということである。むしろ、ストレス評価票などによって、明確に自覚化することが推奨される。そして、その感情がどこからきているのか、労働条件や職場の状況、対人関係、家庭環境、サポートの有無といった諸条件との関連で客観的に振り返る。具体的な状況から引き離して感情について検討する中でイライラや怒りの感情を認識し、コミュニケーションにおいて感情的にならずにその感情を表現し、必要があれば周囲の人や専門家に相談する。このような感情的でないかたちで感情について吟味する流れの中で、働く人々の感情は高い生産性を維持する感情状態——たとえば、明るく快活に前向きに職務に邁進する——へと方向づけられる。

ＥＡＰ会社が契約するのは事業主であり、人事戦略あるいは経営判断上必要なリスクマネジメントとして従業員の感情コントロールを行う側面は否定できない。それを企業による不当な感情コントロールだと批判することはたやすい。しかし、働く人々の側もまた感情管理のノウハウを求めている。(4) 感情に敏感な文化にあって、感情をうまくコントロールできないこと、イライラなどの感情に振り回されて仕事を効率的に進められないことは、現代を生きる人々にとって自己実現の阻害と感じられるためである。こうした点にＥＡＰが浸透していく文化的土壌が確認できる。

イルーズによれば、感情資本主義社会では感情コントロールが自己感覚や能力観の中心に位置するとみなされている。感情資本主義社会のコードにしたがえば、職場で感情的であることはネガティブに評価され、管理されない感情の表出はプロフェッショナリズムの欠如とみなされ、感情的であることはその人の弱さを示すと解釈される。したがって、自分の感情をコントロールすること、他者の感情について共感的に理解しつつ、それに振り回されない態度を持つことが精神的にも社会的にも強き者・成功者の特徴とみなされる。感情を自制することが他者の気持ちや反応を操作することにつながり、ひいては他者を支配する力になりうる（illouz 2008: 95-103）。

こうした社会状況の中で、メンタル不調＝リスクの管理は、経営上のリスク＝コスト管理であると同時に、働く人々の側から見れば感情コントロールの失敗＝自己実現を妨げるリスクの管理でもある。ここにリスクという概念を介して労使の利害が合致する。現代人は感情に敏感な文化に生きており、職場に限らず日常生活のあらゆる場面で感情管理を行っている。そこでは、感情それ自体の商品化と感情を管理するための知の商品化が生じる（山田 2007: 11-14）。ＥＡＰはそうした文化的潮流の中に位置づけられるものでもあろう。

ＥＡＰは公的な社会保険制度が脆弱なアメリカにおいて、私的な企業福祉の一種として発展してきた。日本の現状を見れば、なし崩し的に産業保健の一つとしてＥＡＰが数えられるようになりつつあるが、国家が責任を持って労働安全衛生や産業保健を指揮し、労働条件や職場環境の改善に努めるのか、あるいは民間企業にそれらを任せるのかでは描かれる社会像は異なる。感情をめぐる文化と労働倫理、労働安全衛生や産業保健に関する社会制度の複雑な絡み合いをほぐしながら、感情的でありつつ合理的であるという現代の職場のあり様について更なる分析が必要である。

第3章　自殺のリスク化と医療化
――労働者の自殺はいつ、どのようにして「労働災害」になったのか

1　はじめに――「うつ病」の症状としての自殺

厚生労働省は、毎年六月に労災補償の状況に関する統計を発表している。二〇一八年度の精神障害の労災請求件数は一八二〇件で、支給決定件数は四六五件であり、認定率は三一・八パーセントであった。精神障害の補償件数のうち、自殺のケースは請求件数が二〇〇件で、支給決定件数は七九件である（厚生労働省 2019）。

このような統計上の数え方に端的に表されているように、働く人の自殺は、業務に起因するうつ病等の精神疾患と結び付いたものに限り、「業務上疾病」の範囲に取り込まれ、補償の対象となる。自殺を精神障害、とりわけ「うつ病」とセットで捉える思考様式は現在ではおなじみのものとなっ

ているが、元来、自殺は本人の意志、故意によるものだとして、保険給付になじまないできごとだと考えられてきた。

社会保障制度は、誰の身にも降りかかる可能性のある人生上の出来事(疾病、加齢、障害、失業、労働災害)をリスクと捉え、これらのリスクが現実化した際に必要になる資金を保険料という形であらかじめ皆で拠出しあうことで、リスクに対する責任を分散するものである(広井 1999: 3)。自殺は、偶然的な事故ではなく、あくまでも本人の意志によって遂行されるものだとみなされてきたため、保険でカバーすべき事柄とは考えられていなかった。それは、離婚が保険給付になじまないのと同様である。

それでは、いつ頃、どのようにして、自殺は保険事故となったのか。そして、自殺がリスクとみなされることで、遺された者たちにとって当該の自殺が持つ意味はどのようなものになったのか。本章では、この問いについて検討するために、働く人の自殺を精神障害(多くはうつ病)とセットで捉える思考様式が、いつ頃どのような文脈で生じたのかという点から出発しよう。まずは労災保険制度の中での自殺の取り扱いがいかに変化したのかを明らかにすることによって、労災保険の中で自殺が保険上の「リスク」とみなされていく過程と、労働者の自殺が精神医療的な観点から解釈されていく「医療化(medicalization)」(Conrad & Schneider 1981=2003)のプロセスを浮き彫りにする。そのうえで、それが生じる社会的文脈について、近代社会における死と死因の医療化や自殺の医療化、ならびに日本固有の事情として「過労死・過労自殺」の裁判闘争や労働運動の歴史について確認しておきたい。

アメリカの医療社会学者P・コンラッドとJ・W・シュナイダーによれば、「医療化」とは、元来は医学的問題ではなかった事柄が、医学的な用語によって定義づけられ、医学的な語彙によって描写され、医学的な枠組みによって理解され、介入され、「治療」されるようになるプロセスである。医療化の範疇には、出生、死亡、加齢といった誰の人生においても生じるできごとや、精神疾患、アルコール依存、肥満、嗜癖、子どもの問題行動などの逸脱類型、さらには学習障害や不妊、性的機能障害などの問題までが含まれる（ibid.）。

逸脱の医療化には功罪がある。功としては、①社会統制が人道主義的に行われること――アルコール依存症はもはや罪として逮捕されたり、人間的な弱さを軽蔑されたりするのではなく、病気として「治療」の対象となる――、②犯罪者や罪人ではなく、病人扱いすることによる免責ならびに他者からの非難が軽減・除去されること、③逸脱が「治癒」可能であるという希望を持たせること、④「科学的な」医学的定義は、他を退け、医療専門職の威信を保つのに有効であること、⑤司法よりも柔軟で効率的に社会統制可能であることなどである。

また、医療化の暗い側面としては、①病人として免責されることと引き換えに、二級市民へ格下げされること、②逸脱を病気として捉えること自体が政治的・道徳的判断であることが隠蔽されること、③何を病として概念化するのかが医療専門職に独占されること、④診断や医学的病名を与えることを介した社会統制、⑤社会問題の個人化――問題の原因を社会ではなく個人の病気に見い出す傾向――、⑥逸脱行動の脱政治化――たとえば、反体制者を精神病者とみなすなど――がある(idid.: 245-252=465-475)。

本章では、このような医療化論を踏まえつつ、労災保険制度上での自殺の医療化について詳述する[1]。また、次章では、よりミクロなレベルでの自殺の意味をめぐるコミュニケーションについて検討する。労災申請時の審査で医師はどのような条件下で、どのように自殺を「鑑定」するのか。また、自殺をうつ病との関連で理解する自殺観が遺族による自殺解釈におよぼす影響とはいかなるものか。故意から切断された自殺、うつ病の症状としての自殺が生じる責任は、誰にどのように帰属されるのか。「業務に起因するうつ病のために、正常な判断能力を失っていたから自殺した」という自殺観は、自殺者を病死者とみなすことにつながるが、それにはどのような社会的インパクトがあるのか。また、そのような自殺観にのっとらなければ労災認定を得にくいとか勝訴しにくいという時、遺族は自殺の動機をどのように組み立てたり修正したりするのだろうか。自殺の動機は、遺された者たちによって事後的に構成されるほかないが、それはどのようなコミュニケーションの中で行われるのか。

それらを明らかにすることによって、現代社会において働く人の死と生が意味づけられていくプロセスとそのパターンについて分析すること、そしてそこにはどのような課題があるのかについて検討することが、本章と次章の目的である。

2 「業務上疾病」としての自殺

労災保険は、「業務上の事由又は通勤による労働者の負傷、疾病、障害、死亡に対して迅速かつ公正な保護をするため、必要な保険給付を行」うものである（労働者災害補償保険法一条）[2]。すなわち、労働者と事業主の労働契約のもと、労働者が事業主の支配管理下にあり（業務遂行性）、業務の遂行にともなう有害因子にさらされた結果、当該の疾病を発症・死亡した（業務起因性）と医学的に認められる場合に限り、保険が給付される。

日本の労働社会を研究する濱口桂一郎によれば、労災補償制度は戦前の工場法に由来する。工場法における災害扶助は職工の業務上の負傷、疾病、死亡に対して工場主が扶助すべきことを定めていたが、戦後、労働基準法と労災保険法が制定され、前者が使用者の災害補償義務を定めるとともに、後者がそれを担保する独立の公的保険となった。負傷や疾病は、それが業務外のものであれば健康保険の枠内で、業務上のものであれば労災保険の枠内で処理されるが、後者の方が給付内容が手厚いため、業務上・外の判断が争点となる（濱口 2011: 137-138）。

業務上疾病の法的根拠は労基法に求められ（七五条 療養補償）、具体的な疾病名も定められている（労基法施行規則三五条）。近年、労働者のうつ病や自殺が社会的注目を集め、労働災害として認定されるようになりつつあるが、その歴史は浅く、「心理的負荷による精神障害」が「業務上疾病」のリストに加えられたのは二〇一〇年のことである（労基則三五条 別表1の2 第9号）[3]。従来、業務上

いなかった。

疾病といえば、じん肺や腰痛、脳・心臓疾患等、身体的な疾患が中心で精神障害や自殺は含まれていなかった。

しかし、一九九〇年代頃からの「過労自殺」の裁判闘争等を背景として、精神障害や自殺の労災申請数が増加する。労災保険の不支給決定の取り消しを求める行政訴訟で国側が敗訴する例も相次いだため、厚生労働省は一九九九年に「心理的負荷による精神障害等に係る業務上外の判断指針」（以下、「判断指針」）を出し、精神障害や自殺の労災認定に関するガイドラインを示した。二〇一一年には「判断指針」が「心理的負荷による精神障害の認定基準」（以下、「認定基準」）に改定され、労災保険制度の中で精神障害が身体的疾患と同等の扱いをされるに至っている[(4)(5)]。ただし、自殺それ自体は疾病ではないため、直接的に業務上疾病として扱われるわけではない。業務に起因する精神障害の結果として生じた自殺であると医学的判断がなされた場合に限り、自殺案件にも保険が給付される。

さらに、リストに含まれないものであっても、審査の上で「業務に起因することの明らかな疾病」（同条同号）とみなされれば労災と認定される。言いかえれば、時代や産業構造によって業務上疾病の内容には変化がみられ、今後もそうであることが予想されるため、そのリストには常に余白が残されているということである。何を業務上疾病とみなし、どのような傷病や死亡を社会保障制度の対象として救済するのかということには、その社会の産業構造や労働環境や疾病・死亡に対する意識や態度、そして社会的連帯の様相が反映されている。

労災保険の創設（一九四七年）以来、補償の対象外であった自殺だが、近年では保険が給付されるケースが増えている。現行の労災保険では、精神障害との関連で自殺を理解する枠組みが採用されており、自殺を単なる個人的な行為として放置するのではなく、労働環境との関連で検討し、業務に起因すると判断される場合には社会的に補償するという考え方が採られている。もちろん、弁護士の川人博が指摘するように、精神障害・自殺の労災認定率は五〇パーセントに満たず、申請すれば原則的にすべてのケースに保険が給付されるというシステムにはなっていないため、いまだ認定のハードルは高い（川人 2014: 158-160）。しかしながら、精神障害・自殺の労災認定率がほぼゼロに近い時代、あるいは労働者側からの申請すら行われていなかった時代を鑑みると、行政と被災労働者側の双方で自殺が補償対象となりうると考えられるようになったことは確かであろう。

したがって、労災保険制度は無味乾燥で硬質な制度ではない。労災保険における自殺解釈の転回は、自殺の医療化、労働運動や法廷闘争、世論の動き、産業構造や雇用環境の変化が刻印された社会現象である。何をリスクとみなし、それをどのように予測し、救済対象とするのかという点で、社会保険制度は当該社会の連帯に関する意識を映し出す鏡である。(6)

制度の創設以来、労災保険は災害補償という元来の目的を超えて、被災労働者とその家族の生活保障という意味合いを徐々に強めてもきた（駒村ほか 2015）。遺族給付はさほど高額ではないものの、主たる生計維持者が自殺で死亡した場合、労災認定がなされるか否かによって残された遺族の経済状況が左右される。そして、そのような経済的な側面のみならず、「なぜ自殺したのか」という遺族による自殺の意味づけとその後の暮らし、自殺者と遺族の関係性、子ども世代の労働観の形成などにも少なからぬ影響が及ぶ。これらの意味において、労災保険とその周辺は重要な社会学的研究の対象である。

一九九九年の「判断指針」の登場と二〇一一年の「認定基準」への改定、つまり「支給／不支給」を区別する基準の登場と改定により、労災の請求件数や認定件数が増加している。[7]「判断指針」も「認定基準」も一貫して「ストレス―脆弱性理論」[8]に依拠しているが（精神障害の労災認定の基準に関する専門検討会 2011: 3）、それぞれの職場で生じるさまざまな事柄や対人関係上のコンフリクトについて、「ストレッサー」という観点からモニタリングする視線や意識が職場に広まっている。労災認定の基準や最終的な判断は行政上のものであって医学的なものではないが、労災認定に係る行政解釈や手続きの中に医学的知識が制度的に組み込まれていること、また、「認定基準」の策定が医学的知識を踏まえてなされている点で、両者の関係は緊密である。労災保険制度において、労働者の自殺の動機や原因は、精神医学やストレス研究の見地からの検証を経て構成される。

したがって、本章と次章では、労災保険における自殺について焦点を絞り、特に「医療化」の観点から分析する。日本の労災保険の中で労働者の自殺の医療化がどのような形で生じたのか、その背景にある自殺一般の医療化や、労働運動、法廷闘争や世論の動き、また、遺族が医療的語彙と自身の実感との間で家族の自殺をどのように意味づけているのか、医療化された自殺の責任帰属とそれが導く社会的帰結について考察する。

3　労災保険における自殺のリスク化

自殺のリスク化以前——心神喪失による自殺

労災保険は、労働者本人ではなく事業主の災害補償責任を保険化したものであり、従業員を使用するほぼすべての事業所に適用される。無過失責任主義を採っているため、当該の疾病や死亡に事業主の過失があってもなくても、保険者である国家による補償がなされる。つまり、労災保険の文脈では、労働者の自殺は事業主や国家から見た場合のリスクに相当する。

労災補償保険法には、「労働者が、故意に負傷、疾病、障害若しくは死亡又はその直接の原因となつ《ママ》た事故を生じさせたときは、政府は、保険給付を行わない」と定められており（一二条二の二第一項）、一九六五年の法改正においても同様の考え方が踏襲された（労働省 1965）。ここでの故意とは、「結果の発生を認識・許容しているだけでなく結果の発生を意図した場合」を指す。すなわち、自殺は、多数の要因が複雑に絡み合って生じるものであったとしても、その最終局面には当人の動作とその動作を可能にする意志があるとみなされ、制御不可能な事故や災害とは区別されていた。この根底には、動機が何であれ、自らの意志でそれを望み、自らの判断で死を選択したのだという自殺者観がある。自殺は意志と選択の結果であり、自殺者は最期まで自らの行為の責任を引き受ける存在とされた。そして、故意や合理的判断によって死を選択したように見えない自殺は、弁護士の岡村親宜が指摘するように「不幸なできごと」（南雲 2008: 発刊の辞）として放置され、いずれにしても補償対象とはみなされなかった。労働者の自殺も遺族の暮らしも、社会的救済とは無縁だったのである。

例外的に労働省が自殺を労働災害と認定したのは、一九八四年の設計技師の自殺未遂である（労働調査会出版局編 2009: 41-44）。このケースでは、業務上の精神的負荷から「反応性うつ病」を発症し、心神喪失の状態で自殺（未遂）に至ったために、故意ではないと判断され、保険が給付された（昭和五九年二月一四日基収三三〇号）。本件において、自殺を故意から切り離す機能を担ったのが、「反応性うつ病」という精神疾患名と、心神喪失という法的概念であった。心身喪失とは、精神の障害により物事の是非や善悪を弁別する能力と、それに従って行動する能力を欠くことである（大審院判決 昭和六年一二月三日 刑集一〇巻：682）。心神喪失者は知的な認識・弁別能力と行動の制御能力を欠き、自らの行為に責任を負う能力がないとみなされる。そのため、その行為が刑法上罰せられることはなく（刑法三九条一項）、民法上の賠償責任を負うこともない（民法七一三条）。

言いかえれば、労災保険の歴史上、「業務に起因するうつ病等により「心神喪失」の状態に陥って自殺した場合に限り、故意がなかったと見る」（精神障害等の労災認定に係る専門検討会 1999: 9）のが通説であり、それは極めて稀なケースであった。「判断指針」が出される一九九九年までは、自殺は故意によるものであって事故や災害ではなく、その意味で責任は当人にあり事業主に災害補償責任は発生せず、したがって社会保険による補償対象にも該当しないと考えられていた。自殺は保険上のリスクと認識されていなかったのである。

自殺のリスク化——精神障害による自殺、覚悟の自殺

一九九九年の「判断指針」において、自殺の取り扱いと故意の解釈に大きな転回が生じる。自殺した労働者が業務に起因する心理的負荷によってICD－10（『疾病及び関連保健問題の国際統計分類10版』WHO 1990）のF0からF4に分類される精神障害に罹患していた場合、これらの「精神障害の病態としての自殺念慮が出現する蓋然性が高いと医学的に認められることから」[9]、原則として労災と認められることとなった（労働省 1999a）。

それと同時に、「故意の欠如の推定」という考え方も新たに示された。これは、「精神障害によって、正常の認識、行為選択能力が著しく阻害され、または自殺を思いとどまる精神的な抑止力が阻害されている状態で自殺が行われたと認められる場合には、結果の発生を意図した故意には該当しない」とするものである（労働省 1999b）。

ここで採用された論理は、業務に起因する精神障害を呈した者が自殺した場合、自殺を思いとどまる精神的抑制力が阻害されているため、故意はなく、むしろ精神障害による死亡＝業務災害として保険給付の対象となるというものである。言いかえれば、自殺と故意の結び付きは「精神障害」によって解消された[10]。既述の一九八四年の自殺（未遂）案件では精神障害と心神喪失という二つの要件によって自殺と故意が切り離されていたことを確認したが、九九年の「判断指針」では心神喪失か否かは問われなくなり、精神障害か否かのみに焦点が絞られている。その理由は以下である。

「精神障害等の労災認定に係る専門検討会」によれば、精神疾患に罹患している者が自殺する場

合、「主観的には自殺を認識し、念慮し、企図して実行される」。だが、「その主観的な自殺の念慮・企図が客観的には本人の選択を超える「症状」として現れる」。そのため、「精神病理的症状又は状態があり、自殺による死亡が精神障害の発病結果であると推認できる場合は、当人に「死亡の認識・認容」があっても、それは「症状」の蓋然的な結果であり、自らの死を主体的、理性的に「意図する」という意味での故意には当たらない」。また、「正常の認識、行為選択能力」を失っていたと推認されるのであれば、「その状態が「心神喪失」に該当するか否かを問う必要はない」。なぜなら、心神喪失までいかなくとも精神障害の発症が確認できさえすれば、当該の自殺が故意によるものではなく、症状の結果であると推認できるからである（精神障害等の労災認定に係る専門検討会1999: 39-40）。

ここにおいて、自殺は故意、すなわち自ら死を選ぶという当人の意志や選択の結果ではなく、精神疾患の症状や蓋然的な結果と位置づけられていることが確認できる。[11] 自殺を精神障害の蓋然的な結果とすることで故意から切り離し、それによって「業務上疾病」のカテゴリーに含み込むこと、ならびに保険事故として補償対象とすることが可能となった。[12] 自殺はリスクと化したのである。

もちろん、すべての自殺が精神障害の結果であると考えられているわけではない。自殺に至る前段階として精神障害を発症していたか否かが労災審査の焦点となる一方で、「精神障害が関与しない自殺」も想定されており、それは「本人の主体的選択による」覚悟の自殺である。覚悟の自殺は、故意によるものであるため、その動機が業務に関連するものであっても労災保険の給付対象とはならない（精神障害等の労災認定に係る専門検討会 1999: 9 および 41）。逆に、精神障害の発症が認められても、それが業務以外のもの（離婚、借金等）に起因する場合や個体側要因（性格傾向、生活史、既往症等）である場合も業務上疾病とは認められない。現行の労災保険は、自殺について、「自殺＝業務に起因する精神障害による病死＝業務災害による死亡」という図式に合致するものとそうでないものとに区別し、前者のみを保険給付の対象としている。

遺書

自殺のリスク化とともに遺書の取り扱いにも大きな変化が生じた。従来、遺書は、それを書くだけの意志や能力があり、行為の結果を予測する分別があったことの証左、言いかえれば、決行時に心神喪失状態ではなかったことを示す証拠と考えられてきた。実際、遺書のある自殺は覚悟の自殺とみなされ、労災として認定されない時代が長く続いてきたのである。だが、「判断指針」以降、遺書は、「遺書等の表現、内容、作成時の状況等を把握の上、自殺に至る経緯に係る一資料として評価する」（労働省 1999b）こととなった。

労働基準監督署による実地調査の折、監督官は遺書の存在をもって正常な認識や行為選択能力を失っていなかったと判断するのではない。むしろ事態は逆である。遺書は死亡労働者が精神障害を発症していたか否かを判断するための重要参考資料として扱われ、労基署監督官はそこに書かれている内容や表現、どのような状況でそれが書かれたのかについて調査を行い、死亡労働者の自殺遂行時の心身の状況を推量する。「その時、うつ病・うつ状態だったのか」、それを推し量る材料が遺書である。

弁護士の川人・平本によれば、遺書に「もう疲れました」「悪いのは自分です」などと書かれていれば、それはうつ病エピソードである易疲労性、自己評価と自信の低下、罪責感と無価値感等を表すものだと評価できるため、遺書の存在をもって覚悟の自殺ということはできない（川人・平本 2012: 55）。すなわち、遺書は自殺に「故意」が存在したことの証拠という従来の位置づけから転回し、「故意の欠如」を推定させるものとして再定位されている。その表現や内容にうつ病エピソードの痕跡が見い出されれば、それは当人が精神障害を発症していたことを示唆する物証となり、自殺が精神障害によるものだという主張を裏づける根拠となる。

4　自殺の医療化

死と死因の医療化

コンラッドによれば、近代社会において死はほぼ完全に医療化が進んだ領域であり（Conrad 2007: 5-6）、公的に死の宣告や死因の特定を行えるのは医師だけである。現代でも、死因を悪魔の仕業や呪いのためだと考える人もいるかもしれないが、脱魔術化された社会ではそれは支配的な考え方ではない。自殺もまた医療化が進んでおり、当該の不審死が殺人や事故死でなく自殺だったかどうか、どういう状態で亡くなったのかを特定するのは医師である。(13) 労災保険における自殺の医療化のベースには、このような死と死因の医療化がある。

医療化以前の自殺

元来、自殺は医療の管轄下にあったわけではない。たとえば、フランスの哲学者M・パンゲによれば、古代ヨーロッパには市民の固有の権利として「根源的な自由、つまり死の自由」があった。国事に関わる自殺は最高の評価を得たし、不治の病にある人が「時宜にかなった死」を選択することは「分別のある勇気」の徴であった。その一方で、奴隷の自殺は嫌悪すべき行為とみなされていた。というのも、虐げられた奴隷たちが自ら生を放棄することによって不正や暴力を告発し、奪われていたかに見えた死の自由が今も彼らの手中にあることを主人に証明してみせるからである(Pinguet 1984=1986)。

また、前近代社会におけるキリスト教文化圏では自殺を神の意志に背くもの、すなわち罪とみなしていた。自殺者は罪人であり、通常の仕方で埋葬されることはなかった。自殺を罪とみなすことは、「意志的な死(mort volontaire)」による社会への異議申し立てを権力者たちが無視し、道義的責任の追及から逃れることを可能にした。自殺者が宗教的断罪を免れ、人並みに墓地に埋葬されるのは、その死が「サタンやデモンに唆された狂乱」「悪魔という形而上的存在の反逆行為」によって生じたとみなされる場合、あるいは「頭がおかしい」「精神がどうかしていた」とみなされる場合のみである（ibid.: 399）。

これに対して、日本で自殺が宗教的に禁止されたことは一度もないとパンゲは言う。自らが犯したかもしれない他の罪業を気にかけることはあっても、自殺を罪とみなす発想はなかった。武士にとって自らを殺す術を心得ていることは高貴なことであり、家名や武家の誇りのために切腹することは武士の特権ですらあった（ibid.: 290-297）。また、身分や社会規範によって抑圧された者たちは、最後の手段として「意志的な死」を選ぶことで愛や正義を確かなものにする。国家や大義のための自殺も含め、日本では自殺が人倫の世界から引き離されたことはなかったし、「意志的な死」は精神的な行為としての価値を失ったことはなかった。それは「根拠のある、理性的な、熟慮された行為」であり、「人間的な真実の開示」（ibid.: 400）であった。

自殺の統計的把握と保険

自殺を精神障害との関連で認識する思考様式が一般化したのは一九世紀頃である。一八～一九世紀になり、自殺は聖職者の手を離れて精神医療の対象として取り込まれる。フランスの精神医学者でピネルの弟子であったJ・E・D・エスキロールは、一九世紀の初頭に「譫妄状態にある場合以外に、人は自分の人生を終わりにしようなどと考えはしない。だから自殺は精神異常なのである」と記し、自殺者を保護し、治療し、統制し、審判を下す権利が医師にあると主張した（Hacking

1990: 65=1999: 94)。また、同じ頃、フランスの司法省が自殺統計を発表し始める。当初は自殺が疾病として医療の管轄下にあるのか、犯罪として司法の管轄下にあるのかが争われたが、しだいに自殺は「社会問題」として医学と法律の専門家の間で共有されるようになった（ibid.: 76=109)。

社会現象や人口動態を統計的に把握することは、自殺や労働災害を皆に共通の「リスク」として認識する思考枠組みを提供する。フランスの哲学者F・エヴァルドによれば、「保険（insurance)」はリスクのカテゴリーを通してあらゆるできごとをアクシデントとして客観化し、無作為で不可避に見えるアクシデントを予測可能で計算可能なものにする（Ewald 1991: 201-202)。「リスクのテクノロジー（technology of risk)」として生み出された保険は、近代社会において新しく認識された「リスク」に適用可能であるという意味においてだけではなく、社会が「リスクのテクノロジー」の観点から社会と社会が抱える諸問題について分析するようになったという意味において「社会的（social)」なものである（ibid.: 210)。

精神科医の高橋祥友によれば、ＷＨＯ（世界保健機構）が二〇〇二年に約一万六〇〇〇件の自殺を分析した結果、九割以上が自殺の遂行直前に何らかの精神障害に罹患しているか、それに近い状態にあるという報告がなされたこともあり、近年、自殺（未遂）の早期発見と予防・治療をめざすメディカルモデルと、地域社会の問題解決能力を高めるコミュニティモデルの双方のアプローチが国内外の自殺対策やメンタルヘルス対策の領域で広く共有されている（高橋 2006)。

産業保健の領域においても、自殺の最大のリスク・ファクターがうつ病やアルコール依存だという共通認識があり、うつ病や自殺の予防のために労働時間数や職場で生じる対人関係上のコンフリクトをリスクの観点からモニタリングする視線や意識が広まっている。第2章で示したとおり、うつ病や自殺のリスクの計測や低減に向けた知や技術のラインナップは豊富になっている。

労災保険において自殺を精神障害の症状の一つとみなして補償対象とする動向は、このような広範囲にわたる死や死因の医療化、自殺のリスク化と医療化という社会的潮流と軌を一にしている。そして、それは単に自殺を医療の管轄下に置いて医療的定義や介入を可能にしたということではない。社会保障の存在意義の一つは社会に起因する憂いや悩み事を回避することであるが（広井 1999: i-ii）、労働者の自殺を自己責任として放置したり個人的な病気として治療対象にしたりするのではなく、それが労働環境や社会状況から生み出される万人に共通の社会的な憂い事＝リスクであるとみなす認識枠組みを作り出したこと、そして、そのリスクを社会的救済の対象とする途を拓いたということである。一九世紀以降のリスクのテクノロジーの発達は社会政策の誕生と並行して生じた（Ewald 1991: 209-210）。それゆえ、自殺がリスクとして認識された時、それは社会的予防と救済の対象となる。

5　健康問題としての労働問題――労働者の自殺の医療化を促進するエンジン

ここまで、労災保険制度における労働者の自殺の医療化の背景に、近代社会における死と死因の医療化、自殺のリスク化と医療化があることを示した。本節では、日本に固有で具体的な事情として、「過労死・過労自殺」事案の裁判闘争や労働運動、家族会の活動を確認しておかねばならない[14]。「過労死」は、一九七〇年代の終わりに医師の上畑鉄之丞らによって提起された社会医学用語であり、臨床医学の語ではない（上畑 2007: 47）。過労死とは、過重労働が誘因となって高血圧や動脈硬化が悪化し、脳・心臓疾患を発症して永久的な労働不能や死亡に至ることを意味する（上畑 1990: 88）。一九八八年六月には「過労死一一〇番」と過労死弁護団全国連絡会議が立ち上がり、過労死に関する電話相談全国ネット活動が始まった。同年秋には全国で一斉に集団で過労死の労災申請を実施するなど、社会的にインパクトのある活動を行うことで労基署や司法に働きかけている。九〇年には『KAROSHI英語版』（過労死弁護団全国連絡会議編 1990）を刊行し、ニューヨーク・タイムズやル・モンド、シュピーゲル、エコノミストなど、諸外国のメディアに取り上げられた。九一年には「全国過労死を考える家族の会」が結成され、遺族の手記を出版している。

このような過労死の「クレイム・メイキング（claims-making）」（Best 1987）の上に、一九九〇年代半ばに「過労自殺」のクレイムが立ち上がった。九六年の春には初めて「自殺過労死一一〇番」全国相談が実施されている。同じ頃、電通事件や神戸製鋼事件で原告勝訴の判決が出る[15]。過労自殺とは過労死の一種であり、「仕事による過労・ストレスが原因となって自殺に至ること」を指す（川人 2014: i）。

ところで、コンラッドによれば、医療化は医療従事者の手によって推進されるとは限らない。医療化論の端緒である「医療帝国主義（medical imperialism）」（Illich 1976）はキャッチーだが誤解を生じやすい表現である。医療化は医学の専門家による陰謀や覇権ではない。医療化のドライブエンジンは多様であり、医療専門家や社会運動のみならず、近年ではバイオテクノロジーの進化や遺伝子医学、製薬産業、消費者としての患者、マネージド・ケアなどがある（Conrad 2007: 133-145）。アルコール依存症のように、まず初めに社会運動（アルコホリック・アノニマス）によって医療化が進行し、それに追随するかたちで医療者がアルコホリズムを疾病とみなす例もある。医療化には、医学的な治療が必須というわけではない（idid: 6）。

労働者の自殺をめぐっては、弁護士や医師、労働法や経済学の研究者、家族会、労働組合の複合体が、幾多の裁判闘争と並行して相談活動や書籍の出版や講演を行い、長時間労働の規制や三六協定の撤廃を訴えるとともに、労働省・厚生労働省に労災認定基準の見直しを求める運動を展開した。そして、それがメディアでも再三取り上げられることによって「過労死・過労自殺」という問題構成が社会的に認知されるとともに、労災保険の不支給決定の取り消しを求める行政訴訟で国側が敗訴する例や、事業主の不法行為責任の追及と損害賠償請求を行う民事訴訟での事業主側が敗訴するケースが生じてくる。労災保険の制度発足以来、「過労死」という語を否定し、自殺については輪をかけて門前払いしてきた政府であるが（上畑 2007: 3、佐久間 2012: 135）、徐々に方向転換を迫られることとなった[16]。

自殺を労災補償の対象とすることを決定づけたのは、二〇〇〇年の電通事件に対する最高裁での原告勝訴の判決や、川崎製鉄所事件の逆転労災認定ならびに広島高裁での原告過失ゼロでの和解、広島地裁でのオタフクソース事件での原告勝訴、二〇〇一年のトヨタ自動車事件での労災保険の不支給決定の取り消し判決など、二〇世紀の終わりから二一世紀の初めにかけて被災労働者側が勝利した一連の判決や裁定である。これ以降、精神障害や自殺の労災申請数・認定数が増加し、二〇一一年の「認定基準」への改定、二〇一四年の過労死等防止対策推進法の制定へと通じていく。

法学者の中野次雄によれば、判例は法の実務家と後続の裁判を縛るのみならず、その社会に生きる人々の行為や認識の仕方に影響を及ぼす（中野 2011: 11-12）。同様のケースで裁判に持ち込めば、判例に従った解決が与えられるはずだという一般的な期待は、この場合、過労やストレスで自殺することがありうること、それは労働災害として補償される可能性があるという社会意識の醸成につながった。これらの裁判では被災労働者の精神状態や診断名と労働環境との因果関係について緻密で詳細な検証がなされ、原告と被告の間で苛烈な法廷闘争が繰り広げられたが、それらが新聞等のメディアで報道される際には、「長時間労働の末、うつ病になり、自殺に追い込まれた」（読売新聞二〇〇〇年三月二五日付）、「社員が過労によるストレスで自殺」（読売新聞二〇〇〇年三月三〇日付）、「過労からうつ病になったのが原因」（日本経済新聞二〇〇〇年一〇月二日付）、「トヨタ係長のうつ病自殺」（朝日新聞二〇〇一年六月一八日付）という単純化された図式で報じられ、この図式が社会一般へと普及していった。

そして、「過労死・過労自殺」の裁判闘争や労働運動で一貫して主張されたのは、脳・心臓疾患や精神障害・自殺が仕事のストレスによって引き起こされるという考え方である。過労死の場合は、「過労・ストレス→脳・心臓疾患→死亡」という枠組み、そして過労自殺の場合は、「過労・ストレス→うつ病などの精神障害→自殺企図」という枠組みが、この問題構成の支柱であった（川人 2014: 105）。

ただし、裁判闘争や運動の当初より、長時間労働が脳・心臓疾患を引き起こすという因果関係を証明する医学的エビデンスがあったわけではなく（上畑 1990: 91-92）、長時間労働と精神障害の発症の因果関係に関する医学的エビデンスはさらに乏しいものであった（岩崎 2008: 43-46）。長らく過労死問題を世に知らしめる牽引役であった上畑は、「過労死」という問題提起を最初に行った一九七八年の日本産業衛生学会では珍説扱いされたこと、働きすぎで死ぬという説が学問的に認められる状況ではなかったことを述懐している（上畑 2007: 24-26）。

「過労自殺」問題における「過労・ストレス→うつ病などの精神障害→自殺企図」という図式の要は「うつ病などの精神障害」であるが、精神医学者の宮岡によれば、製薬産業や医療保険を通じて社会への影響が大きいにもかかわらず、うつ病の診断や治療法について精神医学内部でも一致がみられていない（宮岡 2014: 2-11）。また、アメリカの精神医学者でＤＳＭ－Ⅳの作成委員長であったA・フランセスによれば、脳科学や遺伝子研究の発展が目覚ましい昨今だが、精神障害が引き起こされる機序は現在も解明されておらず、診断には生物学的検査が欠落しており、医師の主観的判断が入る余地が他科に比して大きい（Frances 2013: 41-44）。DSM－Ⅲ以来の操作的診断基準の普及によって診断の一致率は飛躍的に向上したが、一定数以上の項目に合致すればひとまず診断名をつけることができるため、過剰診断・過剰投薬の問題や、どこまでを病気とみなすのかという範囲の特定にも課題がある[17]（Frances 2013: 26、野村 2008: 173-176）。DSM－5では「障害（disorder）」とみなせない場合に「状態（condition）」という呼称を与えることが提案されているが、「病気と捉える範囲」は、臨床現場、自殺対策、産業メンタルヘルスなど、目的や場面によってその都度異なってもよいという立場を表明する医師も存在するほどである（宮岡 2014: 33）。

コンラッドによれば、医療化は生物学的基礎の有無にかかわらず生じる。たとえば、左利きの人や七フィートを超える身長の人物はその状態に関する遺伝的基礎を有するが、通常これらは医療的問題とはみなされない。一方、ADHDという診断は神経学的問題を有する少数の子どもの範疇をはるかに超えて、なんら神経学的障害のない多数の子どもにも下されている（Conrad 2007: 146-148）。「過労死・過労自殺」は臨床医学の用語でも法律用語でもなく、支柱となる枠組みに生物学的基礎や医学的エビデンスが確認されていたわけではない。それはむしろ、「現代社会の職場の矛盾の現れ」（川人 1998: iii）を照射する用語として生み出され、裁判や法律相談の中で見えた労働の実態と労働者の健康問題を同時にすくい上げ、社会に可視化する概念として広まった。このことは、

「ノーモア過労死」の労働運動が長時間労働の規制や三六協定の撤廃を中心に展開されたことからも明らかである。運動にとっては、過重労働の末に脳・心臓疾患や精神障害・自殺が生じるか否かを医学的に検証・証明することが主たる目的ではなく、企業戦士の戦死を社会に告発し、労働者の権利を擁護することや労働環境の改善、ディーセント・ワークの実現につなげていくことこそが目的であった。医学的見解は、そうした主張への権威づけとして機能する。

「過労死・過労自殺」というクレイム・メイキングは、二〇一四年に過労死等防止対策推進法として結実した。その目的は、過労死対策を進めることによって、「過労死等がなく、仕事と生活を調和させ、健康で充実して働き続けることのできる社会の実現」である（過労死等防止対策推進法一条）。法の制定に向けた意見交換会では、「ストップ！過労死　過労死防止基本法制定実行委員会」[18]の他、法の制定に賛同する衆参国会議員が集まり、労働行政の文脈ではなく自殺対策基本法やガン対策基本法と同じ並びでの立法を国会に働きかけていくという戦略が提案された。労働規制という と利害の対立が激しく、法案が通らない可能性も高いが、どのような政治的立場であれ、命を守る・健康を守るというスローガンに反対することは難しいだろうとの判断である。[19]労働条件や労働環境の問題を労働者の健康問題として提示する枠組みは、このようにして具現化した。

労災保険において自殺を精神医療との関連で検証し、社会保険の補償対象に加えるという方針への転換には、労災保険の不支給決定に対する審査請求や再審査請求、不支給決定の取り消しを求める行政訴訟に係る費用や諸々のコストを削減したいという国の算段も関係しているであろう。しかしながら、創設以来約五〇年の間、自殺を労働災害と認めなかった政府を動かしたのは、労働者側の弁護士や医師、研究者、遺族、労働組合などの複合体による裁判闘争と労働運動である。過労死・過労自殺の裁判闘争や労働運動において、医師は「前線に立つパルチザンではなく、「専門家」という威厳のある役割」(Conrad & Schneider 1992: 269=2003: 508) を担っていた。

6　自殺の医療化、社会保障への接続

コンラッドによれば、医療化の帰結として古典的なものに「社会的問題の個人化」("the individualization of social problems") がある。臨床医学が社会的文脈よりも個人に照準を絞る結果、医療的介入の主なターゲットは個人になり、問題解決は社会的環境の調整よりも個人の病気の治療という形で行われる。たとえば、近年のうつ病への対応を見ると、うつ病の神経生物学的な特徴――遺伝子レベルで決定すると考えられている――に焦点が絞られることによって、それは圧倒的に薬剤による治療対象となる一方、うつ病を生じさせるような社会構造はそのままに留め置かれることになる (Conrad 2007: 152-153)。

しかしながら、労災保険における自殺の医療化を観察すると、むしろ、一旦自殺を医療化することによって当人を免責し、その原因を労働環境という社会的文脈に位置づけることで社会保障制度

への接続を可能にしている。ここでは川崎製鉄所事件における医師の鑑定意見書[20]を検討することによって、あらためてその点を確認しておきたい。労災保険制度における自殺者の鑑定では、患者が医師の目の前に存在せず、投薬の機会もあらかじめ失われているという点などにおいて通常のうつ病の臨床とは条件が異なるが、それを含みおいた上で、医療化が社会保障へと通じる際の論理構造を明らかにする。

川崎製鉄所事件とは、四〇代の男性係長が質量ともに過重な業務に従事したことによって「反応性うつ病」を発症し、昇進後半年で自殺したというものである。担当弁護士の清水善郎によれば、本件では当人がうつ病(「反応性うつ病」)を発症し、うつ病の症状としての希死念慮の結果自殺に至ったという経過や発症時期、疾患名に関する精神医学的見解については遺族側と事業主・労基署側との間で一致しており、争点はうつ病の原因が過労にあるか否かという点にあった(南雲 2006: 18)。

事業主側の医師の意見書は、男性を「粘着気質」であると診立て、責任感が強く、几帳面であるという「特徴的な性格が仕事量を増やし、他の人なら適当に処理することを持ち前の完全主義から自己に鞭打ち続けて心身ともに疲労困憊に陥った」こと、その焦燥感を紛らわせるために多量に飲酒し、睡眠障害を引き起こしたこと、ならびに、長男が大学受験に失敗したという家庭の事情など、「被災者の有する性格特性等個人的要因」が原因でうつ病になり、自殺に至ったとし、それゆえ労災補償の対象に該当せず、会社の責任も認めない立場を取った(同前: 19)。

これに対し、被災労働者側から意見書を提出した精神科医の南雲與志郎は、精神科の臨床において、当人の性格はうつ病という診断の妥当性を補強し、発症経過をよりよく理解するために重視されるが、必ずしも因果的な説明因子とはならないこと、また、日本社会では「粘着気質」な働き方が高く評価される文化的土壌があり、発症過程の中で性格が関与したとしても、それを本人の責任とすることは適切ではなく、むしろ当人の性格特性を含めて会社側が業務量を評価し、調整すべきであったとの見方を示した（同前：40-41）。そして、好景気による増産のため工場がフル稼働状態の中、昇進後まもなく部下の減員があったこと、連日午前八時に出社して深夜まで勤務し、昇進から自殺に至る半年の間の実労働時間は二三五三時間で所定労働時間の二・六倍に及び、休日は半年間で二日しかなかったという労働環境のために、不眠、全身倦怠感、微熱、寝汗などの慢性過労状態や抑うつ感情を持続させ、うつ病に移行した結果、自殺したと診立てている。

その上で、「うつ病者の自殺はうつ病の症状に支配された病的行為であって、その主導力は病気そのものであり、病者の冷静な、理非善悪を弁別し、自らの意志に基づいて行った行為ではない」ため、「病者に責任を問うことはできない」と主張し（同前：37）、「自殺の直接動機はいずれにしても推測の範囲をでないのであるが」との留保を示しつつ、「業務関連以外の事情があったとは考えにくい」と結論づけている（同前：46）。

自殺者を病死者とみなし、自殺を「病気の結果必然的におこりうる行為」（同前：37）と解釈することによって、当人から故意と責任を取り除き、その病気の原因を「自殺者＝病死者」の労働環境に帰属させることで社会的救済への途が拓かれる。本件は労基署段階では労災認定が下りず、遺族の審査請求に基づいて審査を行った岡山労働基準局・労災保険審査官も不支給決定を下したが、労働省の労働保険審査会での再審査で異例の逆転裁決がなされ、労災と認定された。民事訴訟でも事業主側が全面的に非を認めた形での和解が成立している（広島高裁岡山支部、二〇〇〇年）。

労災保険における自殺の医療化は、自殺を「不幸なできごと」や運命、本人の弱さや未熟さ、個人的な病気として放置するのではなく、精神障害の症状として理解すること、その精神障害が労働環境から生じるという認識の上に成り立っている。そして、それは単に自殺を医療の管轄下に収めたというよりも、自殺を労働環境や社会状況に由来するリスク、条件次第では誰にでも生じる可能性のある出来事とみなす思考の成立である。自殺が万人に共通のリスクと認識された時、それは保険によって補償される対象となる。

7　むすびに代えて

本章では、日本の労災保険制度における自殺の取り扱いの変化を明らかにすることを通して、労働者の自殺のリスク化と医療化について論じてきた。社会学者のD・サドナウは病院でのフィールドワークにもとづき、死をめぐる社会的実践と死の組織化について論じている。「死にゆく者」は、医師による死の宣告、通夜や葬儀、死装束や遺品の整理など数々の儀礼的行為を経て「死者」となる。この意味で、死は社会的出来事である（Sudnow 1967）。そして、死が社会的出来事であるのと同様に、自殺もまた社会的出来事である。労働者が自ら命を絶った時、その死は、社会保障制度や医療や法廷や日常のさまざまな実践の中で、その動機や責任、自殺が引き起こされた因果関係などが検証され、診断・鑑定され、解釈されていく。自殺をリスクとして認識する社会の中で、自殺の動機を確定する専門知はどのように機能しているのか。また、自殺に関する専門知と遺族による自殺の解釈との関係性はどのようなものか。次章では、これらの論点についてリスクと責任の概念を手がかりにして考察する。

第4章 自殺の意味論
——労働者の死をめぐる語り

1 はじめに——いかに「鑑定」され、解釈されるか

前章では、労災保険制度上の自殺の取り扱いの変化を見てきた。本章では、社会保障制度や法廷、遺族の中で労働者の自殺がどのように意味づけられていくのかについて、より詳細な検討を加えたい。労災審査や訴訟の中で、労働者の自殺はいかに「鑑定」され、解釈されるのか。精神医療的な枠組みでの解釈と、そのような医療的解釈や制度的な制約の中での遺族の自殺解釈についてインタビュー調査をもとに分析する。現代社会において労働者の自殺の動機は、制度的に、また遺族の手によって、どのように構成され、確定されていくのだろうか。

2　死者の診断と鑑定

医療社会学者のA・G・ジュテールによれば、「診断（diagnosis）」とは分類することであり、人間の状態（human conditions）を分節化し、体系化する営為である。人々が何らかの症状や兆候、問題を抱え、「どこが悪いか」を見つけに医師のもとを訪れる時、医師は想定される選択肢の中からリアルなものをよりわけ、まぎらわしいものの中から確実に根拠のあるものを拾い上げ、ささいなことから重要なものを見分け、身体的なものと心理的なものを区別するなどした上で、診断を下す。一度診断がなされれば、それに見合った治療方針が決定され、予後が慎重に検討され、必要に応じて薬物治療や心理療法、傷病休職、セカンドオピニオンの照会などが行われる。診断が下されたからといって何かが良くなるというわけではないが、物事がクリアになるということだけは確かである。診断は、患者のアイデンティティや振る舞いも規定する。癌などの大病の場合は特に、病気以前／病気以後の間に明確な境界線が引かれ、世界を一変させることもある（Jutel 2011: 4）。

労災認定の審査プロセスでは、精神障害を発症していたか、発症していたとすればいつ頃、どのような疾患で、その原因は何だったかが争点となる。労働基準監督署は、遺族や会社関係者から聴取した内容と、故人の生前の主治医や専門医員による「医学的判断」（厚生労働省 2011a, 2011b）の結果を合わせ、「認定基準」に沿って最終的な判断を下す。生前に精神障害での通院歴があって診断名がついており、長時間労働や職場でのハラスメントが確認される場合、比較的スムーズに認定が下りる。だが、そのようなケースは多くない。よく見られるのは、なんとなく体調が悪いということに被災労働者本人も周囲も気づきながら、精神科の診察や診断を受けることなく自殺に至るケースである。労災審査における医師による自殺の鑑定は、このようなグレーゾーンを分節化し、一つの病名として再構成する作業である。

労災補償の審査過程おけるグレーゾーンの分節化と組織化は、南雲與志郎によれば、「刑事・民事の精神鑑定以上に困難な条件」のもとに行われる（南雲 2006: 9）。通常の臨床であれば、患者が目の前に存在し、診察や検査、本人からの詳細な聞き取りの上で診断がなされる。一方、自殺の鑑定の場合、患者がすでに亡くなっているため、本人と対面して心身の状況についての情報を得ることができず、情報と事実の突き合せによって診立てを適宜修正していくこともできない。遺族や同僚らによる断片的な手がかりが残されているだけである。

南雲は、これまでに数多くの労災補償の意見書や、「過労自殺」訴訟の鑑定書を作成した精神科医である。彼によると、医師の意見書は「事例のドキュメンタリの性格を持つ」という[1]。成育歴や遺伝的要素、性格、学歴と職歴、職務内容、職場環境、私生活の状況、心身状態を時系列的に沿って整理し、再構築するという作業は、「作業の質としては精神鑑定に近いが、むしろ病跡学に似ている」。精神科受診歴がなく、精神障害を示す言動もほぼ見当たらない事例であれば、何気ない日常の言動を拾い上げ、その医学的意味づけをする。たとえば、「行ってきます」と言ってふらふらしながら反対方向に歩いて行ったとか、始業前にうずくまり、心配して声をかけた同僚に対し、涙をいっぱいにためて「会社をやめる」とつぶやいたなど、「些細な言動の医学的意味を説明すること」、すなわち「言動のパラフレーズ」が自殺事案の意見書作成の肝であるという(同前：一三)。

このような生者の診察との基本的条件の相違に加え、行政システム上の制約が死者の鑑定をさらに困難なものにする。労災認定や訴訟のために被災労働者側から個別に依頼を受けて意見書を作成する場合は、精神科医が遺族から直接話を聞き取った上で自殺の原因や動機を再構成する。一方、労基署に設置された専門医員部会の専門医員による「医学的判断」はそうでない。

専門医員は死亡労働者の仕事量や職場環境を直接に調査する立場になく、労基署監督官による調査内容に依拠して鑑定を行う。だが、監督官による調査内容自体の信頼性に疑問が残る場合も少なくない。たとえば、事業主が労災を認めるつもりがないケースでは、事業主は労基署監督官による実地調査で業務時間や業務内容について率直なところを詳らかにすることはない。従業員に緘口令《かんこうれい》を敷いたり、タイムカードを隠蔽したり、パソコンのログイン・アウト時間に細工を施すなどして業務負担の実態を詳らかにしようとしないことがある。南雲によれば、事業主や調査官から「提供される資料が十分ではない」場合、専門医員によって被災労働者の生前の症状把握や労働環境の解明が充分になされず、自殺と疾病との因果関係の見極めも難しくなる。そのため、労災補償の行政システムにおける死者の鑑定は、「精神科医を惑わせ、ためらわす状況を生んでいる」(同前：9)。

また、精神科医の山下格によれば、生者の臨床でも、「うつ病」と診断されたが実際には心理的反応に過ぎなかった事例や、長期にわたる治療の中で診断名が改められる事例はよくあるが、自殺の鑑定はそれ以上に「大きな困難と制約がともなう」ため、「誤診」が生じる余地があるという（山下 2015: 74-75）。そして、医師の側からすると、労災の審査で意見を求められる際、「自殺は皆うつ病によっておき、そのうつ病は過労やストレスによっておきるという、最近の社会的通念」を前提に議論がなされるため、「主な争点は勤務時間の長短・軽重が中心で、本来の精神医学的検討は関心の外に置かれているようにみえ」ると指摘している（同前：83）。

このように患者が不在という基礎的条件、行政システム上の制約、そして「過労・ストレス→精神障害→自殺」枠組みという縛りの中で、不確かさを含んだまま自殺の鑑定は進んでいく。審査の過程では医学的な検討は深まりにくく、死亡労働者に関する「医学的判断」に信頼性と妥当性を確保することには困難がつきまとう(2)。

それにもかかわらず、「うつ病」などの精神障害の診断と鑑定は、遺族にとって労災認定への通行手形として重要である。診断名がつくことによって補償に一歩近づき、遺族の経済的基盤の安定や、故人を病死者とみなす物語に根拠が与えられる。それは故人と自分との関係を同定し、遺族がその後の人生をどのように過ごすのかを左右する。診断名は、たとえ一行であっても、それだけの重みを有している。

3　自殺の医療化と遺族

自殺による混乱を整序する語彙

前章で確認したとおり、「医療化」は、物事を道徳的な文脈から医療的な文脈へと移管する機能を有する。日本では従来、労働者の自殺は、「本人が弱いからだ」「試練から逃げた」「会社に迷惑をかけている」「生きたくても生きられない人もいるのに罰当たりだ」という形で道徳的非難の対象になってきた。自殺は社会人としての「甘さ」や人格的な「未熟さ」、果ては「精神の異常」を意味していた。ゆえに、自殺者を出した家はその事実を隠す。遺族が労災申請や訴訟を起こし、事の顛末を半ば公にする場合ですら、親族に自殺の事実を秘密にしていることも少なくない。両親のどちらかが自殺している場合、子どもの結婚に影響が出ると考えて秘匿したり、子ども自身が懸念して労災申請や訴訟を取り下げるよう親に頼むこともある。(3)

自殺の医療化は、このような道徳的非難や中傷から自殺労働者本人と遺族を守る論理を提供する。「あの人は病気のために正常な認識能力や判断力をなくし、自分でもよくわからないうちに死んでしまった」という説明は、自殺者から理性的意志を取り払い、責任を免除する機能をもつ。ジュテールによれば、診断名がつくということは、「病気である（to be ill）」ということを承認されるということである（Jutel 2011: 4-5）。そして、アメリカの社会学者T・パーソンズの「病人役割（sick role）」の定義からすると、病人とは自分の「身体の状態に「責任がある」とはみなされず、「彼は如何ともしがたい」という事実によって、その他の逸脱役割から区別されなければならない」存在である。病人は、現在陥っている状態が当人の欠点のせいではないと社会的に定義づけられる過程を経て、晴れて「病人」という役割を遂行しうるのである（Parsons 1951: 439=1974: 435）。

これを踏まえると、「自殺したのは病気のせいであって、本人の弱さのせいではない」と解釈することは、自殺者に「未熟な人間」というレッテルが貼られることを回避し、その名誉を保つことを可能にする。「うつ病」という疾患名が人口に膾炙していなかった時期であれば、「うつ病による自殺者」は「罪人」カテゴリーに分類されることを免れはしても、「精神異常者」という別の逸脱カテゴリーに移し替えられるに過ぎなかったかもしれない。だが、「うつ病」がありふれた疾患と化した現在、「うつ病による自殺」とさえ言えば、「お気の毒に」という以上の詮索は（少なくとも表立っては）無用である。「自殺者＝病死者」とみなす解釈枠組みは、周囲の好奇の目や白眼視から故人と遺族を防衛する。

そして、自殺者を病死者とみなして免責することは、遺族の心情を鎮静化する作用もある。たとえば、離れて暮らしていた家族が自殺した場合、自殺に至る暮らしぶりや様子がわからないために、「なぜ」という疑問は深まる。また、一緒に暮らしていた場合でも、自殺の理由やそこに至る背景は必ずしも明らかなわけではない。普段からそれらしい兆候があり、「ついにやってしまったか」と周囲が感じるケースもあれば、晴天の霹靂《へきれき》のケースもある。いずれにしても、本人が不在の状況で、遺族や周囲の者がその死の動機や意味を事後的に解釈し、構成していくことになる。

遺書や日頃の言動によって自殺の動機がほのめかされていたとしても、遺族はそれをすんなり飲み込めるわけではない。また、労災認定の審査や訴訟の過程で、医師によって「うつ病」だったという見解を示されたり、弁護士に「うつ病」による自殺の事例であると諭されても、ただちに納得するわけではない。「あの人は自殺するような人ではなかった」「私を置いて逝くはずがない」「いったいなぜ死んだのか」。遺族は何年もの間、「動機の語彙」[4]（Gerth & Mills 1953）の構成と修正を繰り返す。

三〇代の息子を自殺で亡くした母親は、労災保険の遺族補償給付の時効は五年に設定されているが、それも頷けるとインタビューで語った[5]。息子の死後数年間は茫然として過ぎ、三年が経った頃、やっと死の真相を知るための行動を起こす気力が湧いてきたという。このケースでは、上司による身体的暴力と暴言、長時間労働によって精神障害を発症し、自殺に至ったとして労災認定されたが、事業主の責任を直接追及するために民事訴訟も起こしている。労災認定や裁判を通して、労基署、精神科医、弁護士、同僚、事業主、それぞれがそれぞれの観点から息子の自殺の動機や理由を語る中、母親が出した結論は「精神疾患にでもならない限り、人は死ねない」というものである。幼い頃から大切に育てた自慢の息子が成長して立派な職業につき、やる気に溢れて実家を後にしたところ、着任数か月で自殺した。その理由は、病気のために正気を失っていたから以外に考えられない、ということである。

自殺を精神障害と関連づけて理解することは、自分が知っている（と思っていた）家族の姿とは異なる姿が顕現しそうになった時、その像のゆらぎを安定化させる効果がある。それはまた、ほころびが見えかけた死者と遺族の紐帯を結びなおすための語彙を提供する。「あの子が家族に相談もせずに一人で逝ってしまうはずがない、私たちとあの子の絆はそんなものではなかったはずだ」という信念を支える根拠として、病気がある。「うつ病という病気での死。きっとそうだと思っています」と、この母は語った。

また、長時間労働の末、「反応性うつ病」による自殺で夫を亡くした妻は、当初、「反応性うつ病」という疾患名を知らず、労災申請と訴訟の過程で担当の弁護士から初めて聞かされた(6)。夫が本当にそんな病気だったかどうかはわからないが、温厚な人柄で夫婦仲も良かった夫が長時間労働と管理職への昇進を機に「時折異常な怒り方をするようになった」こと、「わしは馬車馬か」と誰に言うともなく怒鳴った数日後に自ら命を絶ったことなどから、「働きすぎて正常な判断ができなくなっていたと思う」し、「合理的な判断ができなかった」からこそ自ら死を選んだことには間違いがないと感じている。妻は、診断名それ自体にさほどのこだわりはないが、そういう状態を「反応性うつ病」と言うのだったら、それはそうだと思うと語る。

自殺の医療化は、自殺をめぐる状況とその後の混乱を整序するのに有効な論理と言葉を与える。ただし、遺族は医学的に真であるからという理由で医学的・医療的な語彙を用いて自殺を意味づけるのではない。自らの実感や信念、死者に対する自分なりの思いや確信がまず先にあって、それに合致する説明を吟味し、取捨選択する中で、最も首肯しやすいのが医学的・医療的な語彙であったということである。

自殺の医療化の再生産――「医学的根拠」という戦略

社会保障の制度上の規定や制約が人々の行為を方向づけるという現象はさまざまなかたちで見られる。(7)業務上災害と認定されるために、その自殺が精神障害の症状として生起したのだということを証明せねばならない時、遺族が自殺の動機として精神障害を戦略的に選び取ることがある。労災認定を得ることや訴訟で勝利すること、それが自殺者の無念を晴らすことにつながると遺族が感じる時、うつ病や精神障害が動機として採用される。この場合、医師による診断書や意見書が存在すること、それらが原告側の主張の「医学的根拠」としてうまく機能することが優先事項になる。

なぜなら、精神障害の有無が保険の支給／不支給を決定する最大のメルクマールとなるためである。(8)労基署の監督官は公務員行政職であって医師ではない。そのため、監督官が実地調査や関係者への事情聴取を実施する際、精神障害の既往歴や医師の診断書があれば、精神障害の発症を示唆するエピソードが集中的に収集され、最終的な決定もその方向に誘導される場合がある。また、労災保険不支給決定の再審査請求では公開審理が行われるが、その時間は原則として三〇分間である。非常に限られた時間内ですでに出されている不支給決定を覆すには、「医学的根拠」が武器になる。

本人の人格的な弱さや未熟さのために自殺したのではなく、また、家庭内不和や個人的な悩みから自殺したのでもなく、職場環境や労働条件が良くなかったために自ら命を絶ったのだと証明したい時、「病気」という一見個人的な理由が逆説的に選択される。労働者の自殺の医療化は、労災保険の制度上の規定と自殺者に対する遺族の思いが交差するところで強化される(9)。

4　自殺の責任の外在化

事業主の責任

自殺を精神障害の症状として捉える思考様式は、自殺が生じた責任を本人の外部に帰属させる。精神障害は自殺から故意を引き剥がすことで自殺者本人を免責し、その責任を事業主や社会、遺族へと外在化させる。

社会学者の藤村正之は、死への意図の不在／存在を縦軸に、原因の死者内在性／外在性を横軸にして死を四象限に区分し、①災害死・事故死（死の意図の不在、死の原因の外在）、②病死・老衰死（死の意図の不在、死の原因の内在）、③自死（死の意図の存在、死の原因の内在）、④他殺（死の意図の存在、死の原因の外在）に分類している（藤村 2008: 102-103）。労災保険における「自殺＝業務に起因する精神障害による病死＝労働災害死」の構図をこの枠組みに当てはめると、③の自死から、②の病死、さらには①災害死・事故死へと象限が移行していることになる。

この点について、ある自殺の例を引きながら検討したい。次章で詳述するが、運送業の五〇代男

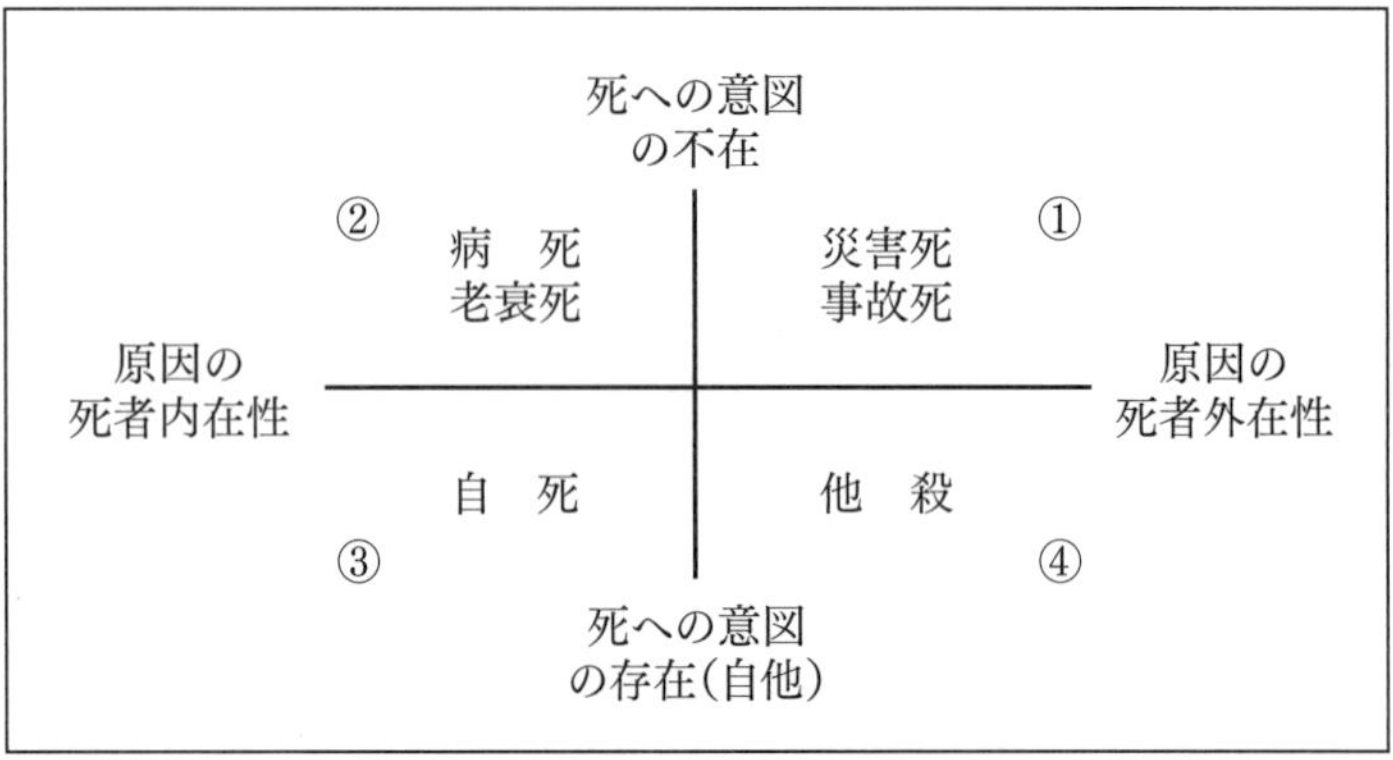

死亡原因の類型化（藤村 2008: 103）

性が長時間労働とパワーハラスメントを苦に自殺した（と少なくとも遺族は考えている）ケースである。長男（三〇代）は、父の自殺直後には、父がうつ病だったと考えていたわけではなかった。むしろ、会社に対する抗議の意味が大きい死であったと考えていた。だが、労災認定がなされず、不服申立てや行政訴訟においても訴えが認められず、弁護士や精神科医、家族会の話を聞き、父の死がうつ病によるものだと考えるに至る。すなわち長男は、父の自殺をうつ病による病死、さらには業務上災害による死へと意味を反転させていくことで、会社に責任を帰属させていった。死の意図も原因も父の内にある「覚悟の自殺・抗議の自殺」（③自死）から、死の意図がなく原因は父にある「うつ病による自殺」（②病死）、そして、死の意図も原因も父には無く、会社が従業員の安全に配慮する義務を怠ったことによる自殺（①災害死）へと意味を移行させた。行政訴訟も民事訴訟も終えた現在、長男は父が「会社によってうつ病にさせられ、自殺に追い込まれた」との認識を示している。

この例に限らず、「過労自殺」問題に注目していると、遺族が「あの人は会社に殺された」と主張するのをしばしば耳にすることがあるが、その場合、自殺は象限を一周して他殺（④他殺）に限りなく近づいている。

長男は労災申請と、その不支給決定の取り消しを求める行政訴訟に加え、事業主の債務不履行責任（民法四一五条）と不法行為責任（民法七〇九条、七一五条一項）を追及する民事訴訟を起こした。自殺の労災事案では、遺族は労災申請と並行（あるいは前後）して民事訴訟を起こすことが多い。労災認定や行政訴訟は業務上外の判断と保険給付に関するものであるため国が相手になるが、民事訴訟は自殺に関する会社の責任を直接追及するものである。

訴状を確認すると、訴えの内容は次の通りであった。事業主は労働者の生命、身体、健康等に危害が及ばないよう配慮する義務（安全配慮義務）を負っているが、長時間かつ過密な労働に従事させ、上司からのハラスメントを放置したため、父がうつ病を発症して自殺に至った。それゆえ、事業主には父と遺族が被った損害を賠償すべき法的義務と、不法行為責任があり、被災者本人（父）の逸失利益と慰謝料、遺族の慰謝料、葬祭費、弁護士費用、遺族の損害を請求する、ということである。

民事訴訟では、①業務は過重であったか、また、パワーハラスメントがあったか、②①が肯定された場合、同事実とうつ病罹患および自殺との間に相当因果関係があったか。なお、うつ病罹患の事実そのものも争う、③会社は、父のうつ病罹患および自殺という結果が発生することについて予見可能性があったか、これらが主な争点となった。

判決文によれば、裁判所は、労災の認定基準が「医学専門家等を構成員とする専門検討会の検討結果に基づくものであるから、業務が与える心理的負荷の強弱を検討するための資料として重要であることは疑いえない」としつつ、それはあくまでも業務上外を判断するものであるから参考程度にとどめ、裁判所独自に「業務がもたらす心理的負荷が、客観的に、精神的疾患や自殺を引き起こす可能性があるものであったか」、そして「これが肯定された場合に、同業務上の心理的負荷につき被告に安全配慮義務違反等を問えるか」を検討することとした。

その結果、①父は長時間労働により相応の心理的負荷を受けていた。パワーハラスメントについては証拠不十分だが、職場の人間関係が良好とはいえず、客観的に見て少なからぬ心理的負荷を受けていたと言える。②これらの心理的負荷は、自殺と業務の因果関係を直ちに結びつけうるほど強いものではない。また、原告側医師の意見書と証言をもってしても、父がうつ病を罹患していたとは確定できない。だが、うつ病罹患を確定できないまでも、自殺当日、父が「正常な認識能力、行為選択能力及び判断能力が損なわれていた」ことに違いはなく、そのような状況は業務による心理的負荷に起因している。したがって、業務環境と自殺との間には相当因果関係が認められる。③会社は、労働時間を適切に管理しておらず、長時間労働について父が改善を再三要求したが措置をとろうとしなかった。この点につき、会社には安全配慮義務ないし注意義務違反があった、としている。

裁判は、父のうつ病罹患は認めなかったものの、業務による心理的負荷と自殺との相当因果関係を認め、会社の安全配慮義務違反を理由とする損害賠償を命じて終結した。原告の勝利であったが、父が「几帳面な性格であって、いわゆる親うつ性がうかがわれることから」、過失相殺三割となった。過失相殺が一部認められたことについて、長男は裁判終結後、「会社の責任は重大であり、父を自殺させたことについて」、「一〇〇パーセントの使用者責任」と「監督責任があったと強く思う」と語っている。

遺族の自責

自殺を病死や災害死とみなすことによる責任の外在化は、事業主に向かうだけではなく長男自身にも及んだ。「自殺＝病死」とみなすならば、自殺者は病死者である。パーソンズによれば、病人とは自分の心身の状況に責任がなく、自分では如何ともしがたいがゆえに、援助を必要としている存在である。病人は病気のために苦痛を感じ、日頃の自分の能力を減じた状態にあり、それをますます悪化させる危機に直面しているが、それは当人の欠点のせいではなく、当人の努力でその状態を脱することを期待できない状態にある。そうであるがゆえに、「病人は援助される「権利」を有している」(Parsons 1951: 441=1974: 436)。

長男は、「父が「わしの仇を討ってくれ」と言っていたのにもかかわらず、私は父が自殺するほど精神的に追いつめられていたことにほとんど気づいてやれなかった」ことを現在も悔いている。

そして、出勤する父を生前最後に見送った際に「まぁ、二週間だから頑張って」と言ってしまったことに自責の念を覚えている。

長男は、父亡き後の約一ヵ月はパニック状態であまり記憶がない。葬儀諸々が一段落した頃、近所の無料法律相談に行き、弁護士を紹介され、労災申請を行うことにした。妻は夫を亡くした悲しみに打ちひしがれており、次男は実家を離れている。そのため、長男には自死遺族が直面する「喪の作業」――死別の悲しみと抑うつ、罪悪感と自責の念、恥と孤立、やり場のない怒り、悪夢と睡眠障害、希死念慮に襲われる――と、労災申請に関わる諸事が一度に降りかかった。

労災申請の書類作成のため、長男は一人で父が勤務していた会社に赴いたが、会社は労災との認識がないとして取り合わなかった。その時の心情について長男は、「ただ怒りしかなく」、「親の仇討ちの気分だった」と述べている。長期にわたる労災申請と裁判の間に、長男はうつ状態に陥った。寝る間を惜しんで父の死の関する膨大な資料を整理する中で、長男には睡眠障害が生じた。訴えが認められず悔しい思いをすることが重なり、行政裁判で敗訴した際には「絶望的な気持ち」になったという。

成長期に親に対するパワハラを聞かされ、成人後は裁判を通して会社とやり取りすることとなった長男は、会社という組織一般が信用できなくなり、「会社で働くのが嫌になった」という。大学卒業後、二社に就職したが、いずれも一年半程度で退職し、現在はうつ病を理由とする障害年金を受給しながら法律関連の資格取得を目指して勉強中である。ここでの長男に限らず、過労死や過労自殺の遺児たちは、労働の先に死が待っている状況を目の当たりにして育つため、働くことに対する良いイメージを持ちにくい。

アメリカの医療人類学者A・クラインマンによれば、人は病を得ることで、健康だったそれまでの自分と当たり前に思い描いていた未来を突如失い、人生を再構築せねばならない（Kleinman 1988）。敷衍すれば、遺族は、故人がいたかつての暮らしと、共に過ごすはずだった未来を失う中でその死を意味づけ、自らも体調不良に襲われながら人生を再構築せねばならず、その作業は困難を極める。

幼い頃から父の職場の話を聞かされて育ち、自殺する数ヵ月前から直近まで父からの毎晩の電話に根気よくつきあった長男だが、その間、父が病気である可能性や自殺のリスクを考えることはなく、精神科への受診を提案することもなかった。一三年間に及ぶ労災認定、行政訴訟、民事訴訟という一連の流れについて、「「わしのかたきを討ってくれ」という父の遺した言葉を忠実に実行しているだけだった」と語る息子だが、それを可能にしたのは、会社への怒りとともに、父をもっと適切にサポートできたのではないかという自責の念である。

5　自殺者を病死者ととらえることについて

自殺者に理性はない？

前章と本章では、労災保険における自殺の取り扱いの変化や「過労死・過労自殺」の労働運動の歴史的展開を整理することによって、自殺補償の進展が自殺の「医療化」と不可分であったこと、それが遺族による自殺解釈や責任帰属に影響することを示した。従来、医療化の社会的帰結として「社会問題の個人化」が議論されてきたが、労働者の自殺の医療化を観察した場合、むしろ一旦自殺を医療化することによって個人の責任を免除し、その原因を労働環境という社会的文脈に位置づけることで社会保障制度への接続が可能になっている。また、労災審査における自殺の鑑定や診断は、行政システム上の制約や「過重労働→精神障害→自殺」図式の縛りの中で行われるため、信頼性や妥当性の確保が難しい面がある一方、遺族にとって診断名が持つ意味は小さくないことも明らかになった。自殺の医療化とリスク化は、自殺者本人を免責し、その責任を外在化させる。「自殺＝病死＝災害死」という構図は、遺族を会社の責任追及へと向かわせると同時に、彼らに自責の念を生じさせる。

ところで、自殺に付着していた故意と自己責任を引き剥がす際、それを可能にしたのは自殺者の心身状況を心神喪失者や心神耗弱者との類推で考えるという手段だった。ここで一つ確認しておくべきことは、刑法三九条の歴史を紐解けば、心神喪失や心神耗弱が意味するのは「狂人」や「乱心者」であり、「二流市民」とみなされたがゆえに罪を問われなかったり減刑されてきたりしたという事実である（中谷 2009: 9-11）。現状では、心神喪失や心神耗弱の概念は、刑事裁判において、もっぱら裁判官から情状酌量を引き出すための法廷戦略として使われているようにも見受けられるが、元来は「差別と引き換えの免責」であり、そこには侮蔑と憐憫がないまぜになった障碍者差別が含まれている（井原 2010: 18-21）。厳罰化への趨勢の中、三九条による情状酌量や減刑に風当たりが強くなっているが、一方で、同条文の根底にある障碍者差別や「狂気」に対する見下しへの批判も根強い（佐藤 2006）。

果たして、自殺者は「狂人」や「乱心」、あるいはそれに準ずる存在なのだろうか。フィールドワークの中で出会ったある弁護士は、筆者が「なぜ自殺者を病気だったと考えるのか」と尋ねた際、「治った時にね、「あの時なんで死にたいと思ったんやろ」と思うと皆言うんだから、それはやっぱり病気なんだよ、おかしくなっちゃってる。心神喪失までいかなくても。」と応じた。精神障害の症状の一つとして自殺が生じる蓋然性が高く、自殺者は正常な認識や物事の是非を判断できず、行為選択の能力を減じた状況で死に至るとみなす時、自殺者は「自由意思と理性をもった人間」というカテゴリーから排除されることになる。それは、労働環境の改善を志向し、誰もが働きやすく生きやすい社会を目指す中で生じた、一周回っての新たな自殺者の排除とタブー視ではないのだろうか。「正常の認識、行為選択能力」とは何を意味するのだろう。自殺の免責に関連する法理論について、社会学の言語で再考する必要がある。

自殺の意味を縮減する社会

さらに、自殺者が人生の最後の瞬間を「正常の認識や行為選択能力を無くした状態」で迎えた人物として周囲からアイデンティファイされること、そして、そのラベリングが死後長らく続いていくことの暴力性という問題がある。命の最終局面において「正常な判断ができなかった人」だとみなされ、そういう人として納得されてしまうことは、生前その人が真摯に生きていたという事実を覆い隠すことにつながる。確かにさまざまなことを感じ、考え、行動して生きていたはずのその人が、自殺のインパクトとともに「正常ではなかった人」として人々の記憶に刻まれること、あるいはそうした人物像にその人の生が収斂してしまうことの重大さが見過ごされている(10)。

当人は亡くなっているため、どのような理由で死に向かったのかは基本的に確かめようがない。それにもかかわらず、この社会は自殺者を「病気のために正常ではなかった」とみなすことがある。それは、複雑に過ぎる自殺の意味の縮減である。ドイツの社会学者N・ルーマンによれば、この世界はあらゆる可能性と選択肢に満ちた不確実で偶有的なものであり、そのままでは受け止めきれない。それゆえ、機能分化したシステムは各システムのコードにしたがって世界を意味づけ、秩序立てる(Luhmann 1984=1993)。これを踏まえて労働者の自殺について考えると、法システムは法システムのコードにしたがって労働者の自殺を観察し(「心神喪失／理性的意思」、「合法／不法」)、医療システムは医療システムのコードで自殺を観察し、(「精神疾患／正常」)、行政システムは行政システムのコードで自殺を観察する(「業務上災害／業務外」)。各システムは各システムのコードにしたがって労働者の自殺を観察し、意味を確定するが、その際、それぞれのシステムのコードに準拠して自殺を解釈するにとどまるのであって、自殺者の実存的な問題を正面から扱うわけではない。

世界に究極的な意味を与え、人の生死をその中に整序して組み込むのは、本来的には宗教の役割である。しかし、「脱魔術化した世界」では生死や世界そのものに根源的な意味を与える宗教の力は弱体化している。何のために生まれ、死ぬのか。何のために身を粉にして働くのか。天職（Beruf）は、もはやいつでも転職可能なジョブに取って代わられているにもかかわらず。医療も法廷も行政も労働者の自殺についてそれぞれの判断はするが、このような根源的な問いについては沈黙したままである。(11)

機能分化した社会の中で、自殺者の実存について問題にするのは家族や友人など親密圏に属する人々に限定される。だが、日頃より信仰の篤い人を除けば、現代人は根源的な問いや実存にかかわる問いに答えを用意するような宗教システムとは疎遠であり、遺族の精神的葛藤や自責の念を昇華する装置はない。

各システムは、観察の観察（セカンド・オーダーの観察）——たとえば、再審査請求や控訴やセカンド・オピニオンなど——によって、前の観察結果を補正したり覆したりすることもあるが、コードの設定とそれによる観察と手続きに過誤がなければ、各システムが出した結論は正当なものだとみなされる。そして、いったん結論が確定すれば、それ以上の思考と判断を停止し、次の案件にとりかかる。それが、現代社会が自殺にまつわる複雑性を縮減し、意味を確定させ、処理する際の形式である。

それでは、なぜ自殺に至る複雑な事情が「正常な判断能力を無くしていたから」という形で意味を減じられるのか。言いかえれば、自殺はなぜ「異常」事態や例外的な事態として処理されるのか。

もちろん、過重で劣悪な労働環境の中で、労働者が自分を責めながら命を絶ってしまうと、いつまでたってもそのような労働環境が放置されるうえ、自殺の責任を労働者本人に帰することになる。そのような事態を回避し、労働者を死に追いやった（正常な判断力を失わせた）ことの責任を事業主に厳しく追及するためには、自殺者を病死者とみなすことが有効な戦略であったことに違いはない。実際、自殺に労災補償が適用されるようになり、長時間労働の是正が政策上の重要課題となるなど、その社会的成果は疑いようのないものである。

だが、こうした労働者の自殺をめぐる責任や補償や賠償や政策といった社会制度に係る近年の展開を尊重したうえで、ここで言及しておきたいのは、自殺者を正常な認識や判断力の無い人物だと捉える社会意識や道徳観についてである。「正常」であれば自殺しないはずだという考え方、自殺は「あってはならないこと」とする観念が一般的である理由とは何か。

実は、脱魔術化した世界にも宗教的なものはなお残っている。フランスの社会学者E・デュルケームは、主著の一つである『自殺論』の中で、自殺を「人格崇拝」の観点から考察している。デュルケームは、世俗化にともない、それまで絶対的な存在であった神に代わって個人の「人格」がある種の神聖性を帯びるようになるという。分業が発達して集合意識など雲散霧消したかに見える近代社会においては、「人格と個人の尊厳性への畏敬（culte de la personne, de la dignité individuelle）」（Durkheim [1893]1960: 396＝1971: 384）という理念が、人々を結び付ける紐帯として機能している。

自殺は、このような人格崇拝という「共同の信仰（foi commune）」（ibid.: 146-147＝167）を傷つける。そのため、当該社会の構成員は、そのような行為に道徳的非難を浴びせ、欺く者を排除し、見なかったことにすることで共同信仰を維持しようとする。「個人は、宗教性を帯びてきた。人は、人々に対して一個の神となった。したがって、人に対して加えられる侵犯は、われわれにとってすべての神の冒涜という結果を生む。ところで、自殺もその一つである。誰の手によってその一撃が加えられたかは、さして問題ではない。自殺は、われわれの中にあるこの神聖な性質――他人のそればかりでなく、みずからのうちのそれをも尊重しなければならない、そうした性質――をも侵犯するということだけでも、嫌悪を招くのである」（Durkheim 1897＝1985: 421）。

デュルケームを踏まえて言えば、自殺を忌避する社会、あるいは自殺を予防せずにいられない社会とは、人格崇拝という社会規範が強固な社会である。他者を殺めたり傷つけたりすることはもちろん、自分の命を当人すら自由にしてはいけないということが現代の暗黙の合意である。自殺は事前に回避されねばならず、起こってしまった場合は「治療」という形で阻止すべきだったと悔恨の念を生じさせる。自殺の衝撃を和らげ、道徳の揺らぎを安定させるためには、自殺者はあくまでも例外的な存在とみなされねばならない。治療や医療的ケアと道徳的排除は地続きである。自殺対策が進み、予防や治療のメニューが増えるほど、同調圧力も増すだろう。

生が多様であるように、自殺の意味も背景も多様であり、歴史的にもさまざまに解釈されてきた。本来、自殺は一概に否定されるべきものではない。自殺の医療化や社会的救済への道筋は人道的な観点から見れば評価に値するだろう。しかし、それがある種の息苦しさへと通じうることもまた事実である。

6　むすびに代えて

雇用形態の多様化が進む現在、労働者一般の普遍的利益を代表するような主張や運動が展開されにくい中で、職場や労働をめぐる問題が自殺やうつ病のリスク・ファクターとして再定位され、医療的介入が可能な健康問題へと加工されている。自殺のリスク化は労働環境の改善につながる一方、そのマネジメントのみに焦点が絞られると、労働者のセルフマネジメントの失敗、管理職や専門家によるリスクマネジメントの失敗として事態を処理することを容易にする。自殺のリスク化は職場のメンタルヘルスという新たなる医療化を促進する。自殺やうつ病のリスクは職場のメンタルケア・ネットワークでモニタリングされ、ハイリスク保有者が特定され、リスクの低減に向けた働きかけが行われる。というのも、事業主にとって自殺リスクの増大は経営コストの増大を意味するからである。この点についてはすでに第2章で詳述した。人格や個人の尊厳への畏敬の念、もしくは命や健康を守るということ以外に共通項はもはや見い出せず、それだけが多様化した労働者たちのゆるやかな結び付きを可能にする理念となっている。ただし、エヴァルトが指摘するように、一般に生命や健康は金銭に代えられないと言われるが、保険の実践を観察すれば、それらは常に査定され、格付けされており、その査定価格は万人が同じというわけではない（Ewald 1991:204）。自殺補償の進展は生命の査定の進展でもある。第5章では、本章で言及した自殺のケースについてあらためて取り上げ、「パワハラ」の見えにくさと自殺の動機のわからなさ、そして、労災認定における自殺動機の解釈プロセスと命の査定について詳しく検討する。

第5章　「パワーハラスメント」の社会学
――「業務」と「うつ病」のフレーム・アナリシス

1　はじめに――「パワーハラスメント」の社会問題化

「パワハラ」の発見

近年、職場における「いじめ・嫌がらせ」の相談件数が増加している。「平成三〇年度個別労働紛争解決制度施行状況」によれば、民事上の個別労働紛争の相談件数、助言・指導の申出件数、あっせんの申請件数の全てで、「いじめ・嫌がらせ」が過去最高を記録した。

民事上の個別労働紛争相談約二六万件のうち、上から順に、「いじめ・嫌がらせ」のケースが八万件強で二五パーセント以上を占め、「自己都合退職」が四万件強で一二パーセント、「解雇」が三万件強で一〇パーセント程度である。また、過去一〇年間の紛争内容の年次推移を見ると、「解雇」

に関する相談が二四・五パーセントから一〇・一パーセントへと減少する一方、「いじめ・嫌がらせ」に関する相談は一二・七パーセントから二五・六パーセントへと倍増している。「その他」として、雇止めや、出向・配置転換などがあるが、いずれも二〜三パーセントであり、「いじめ・嫌がらせ」に比して少ない（厚生労働省 2019）。現在の労働紛争は、解雇や配置転換といった古典的な労働問題群よりも、人間関係やストレスに関する問題群の比重が高くなっているようである。

これと呼応して、「パワーハラスメント」という語も人口に膾炙している。「パワーハラスメント」は、二〇〇一年にクオレ・シー・キューブというコンサルティング会社が創り出した和製英語である。同社の岡田康子と稲尾和泉によれば、一九九九年の雇用機会均等法の改正にともない、同社はセクシュアル・ハラスメントの相談窓口の設置や予防啓発の研修を行っていた。その中で、「給料泥棒と叱責される」「上司の前に出ると身体が震え、言葉が出ない」といった相談が相次ぎ、セクハラとは異なる種類のハラスメントが生じていることに気づかされたという（岡田・稲尾 2011: 40-41）。

岡田・稲尾は、上司からの度を過ぎた叱責、暴言、暴力、理不尽な業績評価や人事異動、不公平な業務采配、無視や陰口、からかいなど、それ自体は個々ばらばらの出来事を一括りにして「パワーハラスメント」という語に纏め上げ、一つの現象として可視化した。社会学者のJ・ベストによれば、何かに名前を与え、定義づけることは、漠然として輪郭のなかった事物連関に一定の意味を付与し、概念的に把握するための条件である（Best 1987: 104-105）。命名によって個々の出来事が相互に関連づけられ、それは新しい領域、新しい現象を創り出し、その目新しさゆえに人々の関心を引き付ける。

厚生労働省は、二〇一一年に「職場のいじめ・嫌がらせ問題に関する円卓会議」を発足させ、二〇一二年三月に「職場のパワーハラスメントの予防・解決に向けた提言」を発表した。それによれば、パワーハラスメントとは「同じ職場で働く者に対して、職務上の地位や人間関係などの職場内の優位性を背景に、業務の適正な範囲を超えて、精神的・身体的苦痛を与える又は職場環境を悪化させる行為」を指す（厚生労働省 2012b）。具体的には、①暴行・傷害（身体的攻撃）、②脅迫・名誉毀損・侮辱・暴言（精神的攻撃）、③隔離・仲間外し・無視、④遂行困難な業務の強制、⑤能力や経験に見合わない程度の低い業務や、仕事を与えないこと、⑥プライバシーへの過度な立ち入り（個の侵害）、をいう。

「パワーハラスメント」という語が広まる中で、人々が職場に向ける視線も変化する。対人関係上のコンフリクトが発生したり、職場での自らの業績評価や処遇に納得できない場合に、それを「パワーハラスメント」とする見方が広く共有されるようになった。それゆえ、悪質なケースが白日のもとにさらされるようになる一方、上司に少し厳しい指導をされたり、仕事を手取り足取り教えてもらえないことさえ「パワーハラスメント」だとして相談機関に駆け込む例もあり、その範囲や線引きは揺らいでいる。「職場のいじめ・嫌がらせ」の相談件数の増加には、こうした案件も含まれている。

なお、統計上の相談件数が増加したからといって、職場の「いじめ・嫌がらせ」の件数が実際に増えたと結論づけることはできない。何をもって「いじめ・嫌がらせ」とみなすのかという判断基準や範疇が「パワーハラスメント」という概念が発明された時代とそれ以前では異なるため、実際の増減は容易にわからない。近年の相談件数の増加が示唆しているのは、職場を「パワーハラスメント」や「いじめ・嫌がらせ」という観点からモニターする社会意識の広まりと、多様な相談チャンネル等の社会制度の整備、ならびにそれらの相乗効果によって人々の相談行動が促進されたということである。

学校でのいじめは一九八〇年代の半ばに社会問題として「発見」された（森田 2010: 40）が、職場でのいじめは二〇〇〇年代前半に「パワーハラスメント」というかたちで発見された。そして、八〇年代以降に学校のいじめが「自己増殖」（土井 1995: 58）したのと同様に、近年、「パワーハラスメント」という社会問題も自己増殖を遂げている。

「パワーハラスメント」の社会学的理解に向けて

社会問題としての認知度が高まっている「パワーハラスメント」であるが、従来、この種の問題は労働法やメンタルヘルス、人的資源管理の領域で議論されることが多く、社会学的研究はこれからである。概念や実際的場面での学術的検討も必要になるが、さしあたり本章以下の節では、第4章で取り上げた「パワーハラスメント」と長時間労働を苦に亡くなった（と少なくとも遺族は考えている）ある運送業の男性Nさんの遺族へのインタビュー調査[1]と、その労災認定や行政訴訟と民事訴訟の内容を分析することを通して、まず、どのような状況が「パワーハラスメント」だと認識される／されないのか、ある状況が「パワーハラスメント」である／ないという「状況の定義」はどのような相互行為を通してなされるのかについて、E・ゴフマンのフレーム・アナリシスや儀礼的相互行為論の観点から考察する。次に、Nさんの死をめぐる解釈が遺族や労基署の調査や法廷において錯綜し、やがて「うつ病の結果」へと収斂していくプロセス、ならびに、それと並行して生じた「パワーハラスメント」が不可視化される過程について、H・ガース&C・W・ミルズの「動機の語彙」論を参照しながら整理する。

円卓会議が示すパワハラの行為類型のうち、「業務上明らかに不要なことや遂行不可能なことの強制、仕事の妨害（過大な要求）」は、どのような行為が「業務の適正な範囲を超える」のかの判断が難しい場合が少なくないことが指摘されている（厚生労働省 2012c）。本章では、Nさんのパワハラ自殺のケーススタディを通して、「業務」という形でハラスメントが生じた場合、それがハラスメントであると認識されにくいことを示し、なぜ認識されにくいのかについてゴフマン理論の視角から分析する。そのうえで、労災保険の審査や行政・民事訴訟の過程において、自殺の動機が「うつ病」というかたちで組み立てられた場合に、精神疾患に罹患していたか否かに論点が絞られることによって、ハラスメントそれ自体が問われにくくなるという課題について、ゴフマンの理論やガース&ミルズの議論に依拠して検討する。パワーハラスメントとその労災補償のあり方について社会学的分析することを通して、それらが抱える実際的な問題に示唆を得ることが本章のテーマである。

2 ある「パワハラ」の風景

配車差別

Nさん（五〇代男性）は、ある地方都市の運送会社に勤務する長距離トラックの運転手である。勤務態度はまじめで常に安全運転を心掛け、几帳面な性格でトラックは常に磨かれている。人柄は快活で実直、誰とでもフランクに付き合う。愛妻家で家族思い、勤続二五周年、無事故・無違反の記念に妻との北海道旅行を計画していた。

ある日、Nさんの直属の上司U課長に経理上の不正疑惑が持ち上がった。同僚たちは皆見て見ぬふりをしていたが、Nさんだけは U 課長本人に事の真偽を尋ねた。(2) 正義感が強く、思ったことをはっきり口にするタイプのNさんは、この件を看過できなかったのである。

それ以来、Nさんの担当する配送ルートや積荷に変化が生じた。当時、運転手の担当する配送先や配送ルートの采配を一手に担っていたのはU課長であった。Nさんには、冬季には雪の北陸への配送ルートが、また、それ以外の時季には時間に厳しい取引先へのルートが集中することになった。

また、手積みの荷物を積載するケースが増え、フォークリフトを使用する場合に比して身体的負担が重くなった。さらに、経費削減を理由に、Nさんだけが仮眠時に車内でエアコンをつけることを禁じられた。厳寒の北陸で、深夜にエアコンなしの車内では満足に眠ることもできない。長距離トラックの運転手は日頃から昼夜逆転の生活を余儀なくされているが、Nさんは雪の北陸路という走行に神経を使う条件が上乗せされた。事故を起こせば自社に損害を与え、配送途中の積荷が破損した場合は取引先企業との賠償問題を引き起こす。

運転手にとって負荷の少ない走行条件は、雪や雨がなく、配送の目的地は一か所で、それがさほど遠くなく、積荷も一カ所分、復路は荷台が空の状態で、どこにも立ち寄らず、高速道路を使って直帰する、というものである。ところが、Nさんには同僚運転手に比して遠方の配送先があてられ、最終目的地に着くまでに複数の荷降ろし地点を回るルートが指定された。そして、復路もまた荷物を積み、複数の箇所に荷降ろしをしてから帰社する。さらに、往路復路ともに配送先が点在していることや経費削減を理由に、Nさんが高速道路を利用することは禁止され、一般道を使うように指示されていた。車体の大きさから鑑みて、大型トラックが一般道を長時間走行するのにはかなりの慎重さを要する。さらに、複数の荷降ろし箇所があっても最終目的地での納品時刻は厳守せねばならず、遅れれば取引先との信用にかかわる問題となる。Nさんの「業務」は困難なものであった。

Nさんの職場では、輸送業務の場合、午後三時頃に発車し、翌日の早朝に目的地で積荷を降ろし、空きパレットを積んで午後三時頃に帰社し、同五〜六時頃に帰宅するという二日間の行程が基本であった。しかし、Nさんは復路も複数箇所分の荷物を積み、降ろしながら帰社するため、出発した翌々日の午前八~九時に帰宅し、三~四時間程度の仮眠をとって同日の午後にまた新たな目的地に向けて出発することが続いた。他の同僚運転手は復路に積み荷がない場合も多く、急ぐ必要のない場合も高速道路の使用を許可されていた。

複数の荷降ろし箇所があっても最終目的地での納品時刻は厳守せねばならず、Nさんは時間に追われる感覚から逃れられなかった。一般道での慎重を期す運転が長時間続くうえ、トラックの荷台が空になることもなかったため、常に神経を張り詰めていなければならない。その疲労は他の同僚の比ではなかった。

「わしのかたきを討ってくれ」

配車や積荷に関する偏った処遇は一〇年以上続き、少しずつNさんの心身を蝕んだ。元来、長距離トラックの運転手は、拘束時間が長く、その業務形態ゆえに睡眠障害が出やすい(3)。配送途中の車内で仮眠をとるため、睡眠時間が細切れになる。Nさんが自宅で眠る日も週に二日程度に限られ、「仮眠の習慣のために、いくら長く寝ようとしても寝られず、疲れが取れない」と家族や同僚にこぼしていたという。

Nさんは退職や転職も考えたようだが、持病や生活不安を理由に果たしていない。そのうち、大学進学を機に実家を離れていた長男に頻繁に電話をかけるようになり、仕事の愚痴をこぼすことが多くなった。ついには「わしのかたきを討ってくれ」とまで言うようになる。長男は父を励まし、度重なる長電話にも根気よく付き合った。夫としてのプライドゆえか、Nさんは妻にはあまり職場の状況について伝えておらず、もっぱら長男に話していた。(4)

ある春の日、長男の大学卒業祝いに家族で外食をした二日後、Nさんは配送先で軽微な積荷破損事故を起こし、自社に事故報告の電話をかけて帰社する途上、トラックの荷台で自ら命を絶った。労災申請時の同僚運転手の証言によれば、日頃より、他の運転手であれば問題にならないような軽微な破損事故であっても、Nさんだけは「始末書」という名の反省文を書かされていた。(5)「事故」の報告時には上司から大声で罵倒され、点呼時に皆の前で「事故」を報告させられ、他の運転手であれば保険で賄う賠償金もNさんは自己負担させられていたとのことである。

3　「パワーハラスメント」のフレーム・アナリシス

「業務」というフレーム

さて、Nさんの身に降りかかった上記の出来事は、どのように解釈されるだろうか。業務だろうか、それとも、「業務」の名のもとになされた「嫌がらせ」だろうか。また、Nさんはなぜ自ら命を絶ったのだろうか。U課長や会社に対する抗議のためだろうか、それとも、何らかのかたちで精神を病んでいたために「正常な弁識」をなくし、その結果死に至ったのだろうか。Nさんの死をめぐる解釈が錯綜していく様子とその原理について、ゴフマンやガース＆ミルズの議論を参考に考える。

Nさんの配車や積荷に関する処遇は、「業務」という「フレーム」の下に生じた。E・ゴフマンによれば、「フレーム（frame）」とは、その場の参加者が経験を組織化する際の参照点であり、今ここで何が起こっているのか（"What is it that's going on here?"）を確定する枠組みである（Goffman [1974]1986［以下、FAと略記］: 8-9）。フレームによって「状況の定義（definition of the situation）」（FA: 1）がなされ、その場の参加者がどのような種類のコミュニケーションを行うのかが方向づけられる。たとえば、「ボクシング」の試合を「喧嘩」や「殴り合い」とみなして警察に通報する人がいないのは、それが「ボクシング」というフレームにおいて生じたスポーツだとその場に居合わせた人々が認識し、そのように振る舞うためである。このように、「状況の定義」は、その場に居合わせた人々がその場で生じている社会的出来事を整序する原理と個々人の主観的関与が一致する中で創り出される。そして、「フレーム・アナリシス（frame analysis）」とは、このような「経験の組織化（organization of experience）」がどのようにしてなされるのかを分析する際のスローガンである（FA: 11）。

ゴフマンによれば、フレームは複層構造になっており、その最も外側の層である「フレームの縁（rim of the frame）」（FA : 82）が出来事の解釈を決定的なものにする。たとえば、社会学者の土井隆義によれば、学校でのいじめは「遊び」というフレームで生じる。無視や陰口、からかい、集団暴行などが「いじめ」として一纏めにされ、それらは「遊び」によってラッピングされている（土井1995: 66）。子どもたちの間で無視やからかいなどの「いじめ」が「遊び」のフレームの下で生じるならば、それはあくまでも「遊び」であると了解されるから、場の参加者は皆で共謀して「遊び」を成立させるべく振る舞う。それゆえ、「いじめ」の加害者が「遊びの延長だった」と弁明する一方、被害者すらも「空気を読んで」笑っていたりする。

子どものいじめが「遊び」フレームのもとで生じる一方、「パワーハラスメント」は「業務」フレームにおいて生じる(6)。Nさんは、「燃料削減」を理由に冬の北陸路で車内エアコンの使用を禁じられ、「経費削減」を理由に高速道路の使用を禁じられた。ささいな「破損事故」の「始末書」を書かされ、点呼時に皆の前でそれを叱責され、相手先企業と自社に損害を与えた「責任」を取って賠償金も自己負担している。

さらに、なぜNさんばかりが遠方のルートを担当することになったのかについて、事業主側が語った理由は、「走行時間や走行距離が長いほうが給料が良くなるから」というものだった。U課長は、行政訴訟と民事訴訟の双方において、配送先の分担に関して特定の人の希望を優先したことはないと証言し、「仕事量、収入が平等になるように努力していますが、どうしてもバラつきが出ます」と話している。遠方の「業務」を担当するほうが収入が良いということを根拠に、事業主側はむしろNさんを優遇していたのだと主張した。肉体を酷使し、精神的にも緊張が続く勤務がNさんに集中した事態は、「業務」というフレームのもとに生じ、「業務」フレームのもとに正当化されようとしたのである。

ゴフマンは、「状況の定義」の確からしさは諸々の儀礼や儀式、さまざまな舞台装置によって担保され、当該状況にふさわしい参加者の振る舞いがおのずと導き出されるという(FA: 247-300)。Nさんの場合、会社という場所によって空間的な区切りが(bracketing)、タイムカードや日報の記入という形で時間的な区切り(cue)がなされ、職場という舞台(stage)が設定された。この「舞台」には、一四トンウィング車やタコグラフ(運行記録用計器)、パレット、フォークリフトといった運送業に必須の「大道具」や、運転指令書、チャート紙と運行記録表という「小道具」が配置されている。このような「物(material)や資源(resource)」は、「業務」というフレームを固定し、参加者たちをフレーム内の出来事に没入させる効果をもつもの("engrossables")である(FA: 46)。

点呼のシーンでは、上司や同僚という役割を演じる人々の前でNさんは配車を言い渡される。Nさんの担当する荷物は手積み・手降ろしする類のものが多く、他の同僚よりも労力と手間がかかるが、この「舞台」上で「まじめな職業人」や「優秀な運転手」という役割を演じきろうとするならば、その「業務命令」を飲むほかない。職場という「舞台」で起きることは、Nさん個人への嫌がらせではなく、あくまでも「業務」とみなされるからである。労災認定の審査資料を見ると、同僚の運転手はNさんが「運転手としてのプロ意識が強く、誇りも持ってい」る人物だったと供述しており、U課長ですら、Nさんのことを「優良運転手」だったと評する記録が残されている。

Nさんがこのような境遇にあった当時、まだ「パワーハラスメント」という語は生み出されておらず、Nさんが「業務」を「パワーハラスメント」に「転調（keying）」（FA: 40-82）させることはなかった。また、「業務」を「いじめ・嫌がらせ」に「転調」させたり、「業務」フレーム自体を「破壊（breaking）」（FA: 345-377）したりすることもなかった。むしろ、Nさんが模索した抵抗策や解決手段もまた「業務」フレームに納まるものであった。彼は社長や役員も出席する営業会議で「業務改善」を提案したり、労働組合の会合で配車・積荷の公平性や過重労働を議題として取り上げ、労基署にも匿名の告発文書を二年ごとに計五〜六回送っている。すなわち、Nさんは、配車や積荷に関する処遇をNさん個人に対する嫌がらせやハラスメントとしてではなく、会社の利益や従業員全員の労働環境に関わる事柄として問題提起していた。

その結果、労基署の是正勧告（行政指導）や親会社からの指導がなされ、一時的に「業務内容」が改善されることもあったが、労基署の是正勧告には法的拘束力がなく、数ヵ月後には元の業務内容に戻ることの繰り返しであった(7)。これらの行政指導はNさん個人に対する嫌がらせに関するものではなく、あくまでも労働時間数の是正や公平な配車など、「業務」に関するものとしてなされた。「いじめ・嫌がらせ」のフレームは最も外側の「業務」フレームに覆われてなかなか可視化されず、根本的な解決に至らない。Nさんはいつしか告発することを諦めた。

「神聖な自己」の侵犯——役割と「キャラ」設定

Nさんは亡くなるその日まで会社を変わることはなかった。転職活動をしたこともあるが、持病を理由に不採用になったことや、長男が高校・大学に進学して教育資金が必要になったことなどから踏みとどまっている。直接長男に対して「お前に金がかかるから」と言ったこともある。「パワーハラスメント」の場合、学校でのいじめに比して転職や退職などの逃げ道がありそうに思われるが、実際には簡単にやめることはできない。年代や居住地によっては仕事もかなり限られている。内藤朝雄・荻上チキによれば、「人間関係でトラブルがあっても、そこから簡単に逃れられないような状態でこそ、いじめは深刻化しやすい」（内藤・荻上 2010: 34）。学校でのいじめであればクラス替えがあるが（それを待つ間すら耐えがたいが）、Nさんの職場は数年にわたって人事異動が行われず、風通しの悪い閉鎖的な環境であった。自身が離職することも叶わず、職場の流動性も低い中、Nさんに対する「パワーハラスメント」は温存され続けた。

また、学校でのいじめは生徒同士の基本的にフラットな関係性において、互いの微細な差異にもとづいて序列が生み出される中で生じる（内藤・荻上 2010: 19-20）。一方、「パワーハラスメント」は第一義的にはフォーマル組織における上下関係にもとづいて生じる。岡田・稲尾にしたがえば、単なる仲間内の嫌がらせと「パワーハラスメント」を峻別するのは、職務上の地位や権力を利用して「指導という名の人格攻撃」が行われるか否かという点である。「パワーハラスメント」は、上司から部下への「教育・指示・命令」というかたちをとる（岡田・稲尾 2011: 42-43）。制度的で硬質な地位の序列において、Nさんは専務、部長、課長などの下位に置かれ、たとえそれが無謀なものであっても、上司に指示された「業務命令」には従わざるをえない立場であった。

さらに、このようなフォーマル組織上の地位と役割関係のみならず、インフォーマル組織における「キャラ」設定もNさんの境遇を固定的なものにした。土井によれば「キャラ」には対人関係に応じて意図的に演じられる「外キャラ」と、生来の人格特性を示す「内キャラ」があるが、いずれにしても「キャラ」はあらかじめ出来上がっており、その輪郭が揺らぐことは少ない。それは、アイデンティティが揺らぎを繰り返しながら社会生活の中で徐々に構築されるものであるのと対照的である（土井 2009: 24）。割り振られた「キャラ」をその場に居合わせた人々が相互に演じあうことで、その場のコミュニケーションが台本通り進行し、予定調和が保たれる。

労災認定の審査の資料を見ると、Nさんは同僚たちから「モノをはっきり言う性格」と思われており、U課長からは「会社内で反抗的な者たちのリーダー的存在」と目されていた。そのため、営業会議や労働組合の会合で配車の是正を訴えたが、それらは正当な異議申し立てとはみなされず、すべて「上司に楯突く行動」と解釈されることとなった。フォーマル組織とインフォーマル組織それぞれでの役割や「キャラ」とそれに付帯する役割期待が、Nさんに与えられた「業務」を「いじめ・嫌がらせ」として周囲に認識させることを妨げたのである。

さらに、「モノをはっきり言う性格」というNさんの人物像は、U課長にとってフォーマル組織上の役割関係を十全に遂行しないものに映った。他の同僚がU課長の横領疑惑について見て見ぬふりをする中、Nさんだけがその件を追及し続けたことについて、事業主側の認識は、NさんがU課長に「無遠慮に言いたいことを言っていた」「「逆パワハラ」と呼ばれる状態」（行政訴訟の控訴答弁書より）だったというものである。

Nさんの例に限らず、部下が正当な主張をした場合に上司が正面から取り合わず、むしろ「逆ギレ」してさらに嫌がらせを加速させることがある。ではなぜ、上司は「逆ギレ」するのだろうか。ゴフマンの儀礼的相互行為論から考えると次のようになる。

ゴフマンはE・デュルケームにしたがって、個人の人格は世俗化された近代社会になお残る「神聖なもの（sacred thing）」であり、その神聖性は各々の「カオ（face）」に象徴されるという(8)（Goffman 1967［以下、IRと略記］: 19）。相互行為の参加者たちは、相互に「カオ」を立て合う「フェイス・ワーク（face work）」（IR: 14）を通して、自らの面子を維持すると同時に相手の「カオ」を立てるよう要請されている。そして、「カオ」を立て合うためのルールは、「エチケット」（IR: 55-49）として社会の隅々にまで浸透しており、それには「表敬（deference）」と「品行（demeanor）」という二つの要素が含まれる。「表敬」とは、「回避儀礼（avoidance ritual）」――たとえば、仕事中にお腹がなったり、上司が躓《つまず》いていても、聞こえない・見えないふりをするような「意図的な盲目」（IR: 18）、エレベーター内や電車のボックス席などの公共空間で、その場に居合わせた人々と互いに視線を合わさずに素知らぬふりをする「儀礼的無関心」（IR: 83-88）を装うことなど――によって相手と適切な距離を保ち、相互のテリトリーやプライバシーを侵犯しないように配慮しあうこと、あるいは、挨拶やちょっとした誉め言葉や気遣い、笑顔などの「呈示儀礼（presentational ritual）」を通して敬意や好意を贈り合うことなど、相手に対する評価を伝える儀礼的行為である。また、「品行」は、服装や化粧、髪型、話し方や物腰、立ち振る舞いなどに気を配り、相手への敬意を表すことで、自分は周囲から受け入れられるに値する人物であることを示す儀礼的行為である。これらの「共同の儀礼的営為の産物（a product of joint ceremonial labor）」（IR: 85）として各々の「神聖な自己（sacred self）」（IR:32）が浮かび上がる。

これを踏まえてNさんのケースを考えると、U課長は、Nさんが部下役割を遂行して「カオ」を立てること、横領疑惑に対して他の同僚と同様に「意図的な盲目」や「儀礼的無関心」を装うことを期待したが、Nさんはそうしなかった。U課長よりも年上で、部下ながらも率直な物言いをして横領疑惑を追及するNさんの行動は、U課長からすれば回避儀礼を怠った「非礼、非常識」（控訴答弁書より）なものと感じられた。欠点や誤りを指摘する場合には婉曲な表現を用いるのがエチケットだが、Nさんはその禁忌を犯したとみなされたのである。領域侵犯が生じて「カオ」が立たないとか「カオ」を失う場合、不快感や不安、恥辱や苛立ちが生み出される。日頃より不仲であった二人の間では、「呈示儀礼」のやりとりがなされることも少なかった。それゆえ、U課長は「煙たい存在」であったNさんへの「対抗意識から少し不利な配車をするということはあった」（労災審査ならびに民事訴訟での同僚運転手の証言）という。

ゴフマンによれば、「神聖ゲーム（sacred game）」（IR: 91）としての近代社会は、儀礼的行為のルールを遵守しない者を排除する。あらゆる状況には「状況適合性の規則（situational proprieties）」（Goffman 1963:24）が存在する。この規則に合致した役割を遂行しない者は、その状況や「集まり」に対する敬意を表さず、自他の「カオ」を守る努力をしない、あるいは、できない者とみなされてしまうがゆえ、周囲の者も彼の「カオ」を守る努力を放棄してしまう。

ここで確認しておくべきは、たとえ理不尽なものであっても、何らかの規範が「状況適合性の規則」として一旦その場を支配すると、それに合致した振る舞いをしない者は排斥や迫害の憂き目にあうという事実である。「状況適合性の規則」には「道徳的性格が付与されている」(Goffman 1963: 240)。そのため、個人が単独でそれに抗することは難しい。職務上の上下関係がともなう場合は特にそうである。

場の空気を読まず、上司を追及し続け、その結果、同調圧力や排除のプレッシャーにさらされ続けたNさんは、長男が大学を卒業した数日後に亡くなっている。「お前にお金がかかるから」と言って離職しなかった父は、息子の教育資金が不要になった時、会社をやめるのではなく生きることをやめた。「主たる生計維持者」という役割は、離職の枷であると同時にNさんをこの世につなぎとめる錘でもあった。職場で「神聖な自己」を傷つけられ、排斥されそうになっても、大黒柱として立派にやることがNさんの生を支えていたのかもしれない。長男は、もし自分が大学を留年していたら、「父はまだ私にお金がかかるから、無理をしてでも働き、生きていたのではないか」と思ったという。

4　自殺の「動機の語彙」と「うつ病」フレーム

自殺の動機

　ここまで示してきたような経緯で生じたNさんの死は、労災申請や訴訟の中でどのように解釈されたのだろうか。Nさんの遺書は見つかっておらず、Nさん自身による自殺の動機の表明はなされていない。死の数時間前に電話を受けた妻は、筆者によるインタビューの中で「特に変わった様子はなかった」と回想しており、親しかった同僚運転手も「自殺の理由は全く判らない。亡くなる前に特に変わった様子は見られず、近く親しい仲間とカニを食べに行く段取りをしていた」と労基署の聴取に応じている。しかし、妻や同僚が自殺の兆候を察知しなかった一方で、長男は「それほど驚きませんでした」「むしろ「ついにやってしまった」と思った」とインタビューで語っている。長男は、なんとなく予期してはいたものの実際に決行するとは考えていなかったため、父の死去の後、約一ヵ月はパニックであまり記憶がない。

　H・ガースとC・W・ミルズによれば、「動機」が問題になる時とは、「人の行為や意図が他者や自己自身にとって問題にされる場合」、すなわち「選択に幅があったり、予期しない意図や行為を伴う状況」であり、そのような状況は「しばしば危機と呼ばれる」(Gerth & Mills 1953: 115=1970: 130)。

　通常、慣習に基づく伝統的行為や日々のルーティンを遂行するにあたり、動機は問題にならない。たとえば、葬儀に喪服で参列する人や昼休みに食事をする人がいても、周囲はとりたてて当人の動機を問うことはない。もし問われても、「皆がそうするから」「当たり前だから」と言いさえすれば、それ以上の答えは求められずに済む。ところが、葬儀に真っ赤なドレスで現れたり、会議中におもむろに一人だけ弁当を取り出して食べ始めれば、周囲は当惑し、「なぜそうするのか」「どういう理由があってそのように振る舞うのか」と訝しがるだろう。

このように、動機は、その場の相互行為の秩序が破たんした時、解くべき謎として不意に浮上する。そして、自殺は動機に注目が集まる最たる事態の一つである。既述の通り、人を傷つけたり殺めたり、自ら死に向かったりするのは、「人格崇拝」という共同信仰を欺く行為である。個人の人格や存在は至高であるはずだという社会通念を裏切ることをするのであれば、社会の構成員を納得させるだけの理由や動機が求められる。理由なき殺人同様、理由なき自殺を社会は許容しない。もしそうすれば近代社会の存立基盤が揺らぐためである。

自殺という突然の死は、予定調和な日常を破壊する。行為が明るみになった時には当人はすでにこの世になく、遺された者たちが事後的にその死の状況や意味を解釈して動機を推測するほかない。そして、その解釈は皆が首肯するものでなければならない。自殺の動機は、ハードルの高い、だけれども解かざるをえない置き土産である。

言いかえれば、動機とは、ある行為に対する「納得のいく正当化」(ibid.: 116=1970: 131) である。動機は、何らかの真理としてあらかじめ存在しているというよりも「その後の相互作用の文脈によっていかようにも加工されうる」ものであり、「解釈によって初めて生まれ、行為者に付与される言語にほかならない」（土井 1994: 209）。ただし、いくら真の動機があらかじめ存在しているわけではないとはいえ、何もかもが動機として選ばれるわけではない。皆を得心させることができる類の言葉が「適切な動機」として選択される。そして、そのような言葉の種類は社会的―歴史的状況によって異なる（ibid.: 121-135）。

したがって、Nさんの自殺の「動機の語彙」が遺族や会社、労災保険制度や法廷の中でいかに構成されたのかを観察することを通して、現代日本社会が労働者の自殺を解釈するフレームや語彙の種類、社会意識を浮かび上がらせることができる。私たちが生きる社会は、労働者の自殺を、どのように解釈し、介入し、対応する社会なのだろうか。

父の死から一年半後の二〇〇一年秋、Nさんの長男は労基署に労災認定の申請書を提出した。これは「パワーハラスメント」が社会問題化し始めた時期に重なる。同時期には電通事件に対する最高裁判決（二〇〇〇年三月）が出され、「過重労働の結果、うつ病を発症し、うつ病が労働者を自殺に追い込む」という「過労自殺」のディスコースが世の中に知れ渡り、自殺とうつ病が強固に関連付けられた頃でもあった。それと前後して、政府からは精神障害や自殺に関する労働災害の保険給付に関する判断指針が示され（労働省 1999a, 1999b）、以後、労災の申請件数・決定件数が増加する。

長男による労災申請から、その後の行政訴訟、民事訴訟へ至る道筋は、二〇〇一年から一三年までの長きにわたるが、それは当時の世論や政策、裁判所の動きと呼応して、Nさんに起きた一連の出来事が「パワーハラスメント」や「精神障害」というフレームから捉えなおされていくプロセスであり、労働者の自殺の動機が遺族や同僚、上司、労基署や裁判所、精神科医などの専門家によって事後的に解釈・確定されていく様を解き明かす事例として読むことが適切である。

自殺当日の状況

亡くなる当日の早朝に配送先で破損事故（損害額約八〇万円）を起こしたNさんは、午前六時頃に自社に事故報告の電話をした後、七時頃に妻に電話をかけて破損事故を起こしたこととこれから帰社すること、夕方には自宅に戻る旨を伝えている。妻は「この時の会話の状態も普段の会話と何も変わった様子は感じられませんでした」と行政訴訟の控訴審で述懐している。Nさんが妻と電話を切った後、午前八時頃に二回と一〇時半頃に一回、Nさんと会社の営業課との通話記録が残っているが、話の内容は明らかになっていない。同時刻に営業課にいたのは当時の社長と部長、作業長、そしてU課長の四名であった。これらの電話の四時間ほど後、Nさんは帰社途中に命を絶っている。

遺族は、日頃よりの「パワーハラスメント」と過重労働のためにNさんが「うつ病」を発症していたところ、この八〜一〇時台の会社との電話で厳しい叱責をされたことが直接の引き金となって死に至ったと考えている。そのため、Nさんの自殺が業務に起因する労働災害であるとして労災保険の支給を請求し、不支給決定が下りるとその取消請求訴訟と控訴審を起こし、会社の安全配慮義務違反を理由に損害賠償と慰謝料等を請求する民事訴訟も起こしている。

一方で事業主側は、労基署の臨検、行政訴訟と民事訴訟のすべてにおいて「パワーハラスメント」と過重労働の存在を否定し、Nさんは「うつ病」に罹患していなかったとした上で、当日の電話の内容ならびに電話があったかどうかということ自体についても「記憶にない」「わかりません」(U課長の証言)と貫き、その自殺が家庭内不和を苦にしたものであって労災ではないこと、ならびに事業主にはNさんの自殺に関する民事上の賠償責任がないことを主張した。

遺族側と事業主側では、Nさんの自殺の動機をめぐる解釈が真っ向から対立する。しかしながら、双方には共通の土壌があり、それはNさんが自殺に至る経過や状況を「うつ病」という精神障害フレームに依拠して再解釈している点である。Nさんの身に降りかかった一連の出来事を検証するにあたって、「うつ病に関することである／ない」という観点を採用している点で原告と被告および労基署、裁判所は共通している。「パワーハラスメント」や長時間労働について、労働条件や人権に関わる問題として議論するのと同等、もしくはそれ以上に、「うつ病」という病気に関わる事柄として議論するフレームの中で、Nさんの自殺は捉えなおされていった。労基署や法廷において、Nさんの自殺の動機は「うつ病」という精神医療的語彙を通して推量されていく。

5　自殺の「動機の語彙」の確定

認定基準の合理化が生みだす不合理

当該の自殺が業務上疾病の範疇に含まれるか否かを判定する際、疾患名や発病時期は、当人の生前の主治医からの意見書や、遺族や上司等の会社関係者から労基署監督官が聴取した内容を合わせて「医学的に判断される」（厚生労働省 2011a, 2011b）。Nさんの死も労災保険の中で、「精神障害」、さらに限定すれば「うつ病」というフレームから再解釈されることになった。

Nさんは、一度も精神疾患の既往歴や精神科の受診歴がなかった。生前、持病のために通院していたのは内科や整形外科であり、「うつ状態を予見させる訴えがあったか否か」という労基署からの意見照会に対し、それぞれの主治医は「不詳」「なし」と回答している。この時点で、Nさんの死が労災と認定されるのは厳しくなった。なぜなら、自殺の労災審査では、精神障害の発症の有無が保険の給付がなされるか否かの最大の岐路といえるからである(9)。

労基署の監督官によって実地調査が行われるが、その際、「うつ病」の既往歴なし・受診歴なしという情報が最初に与えられれば、選択的注意の作用によって「うつ病」の発症を示唆するエピソードとして適当な出来事ばかりが取り上げられることになる。Nさんの審査の過程では、Nさんがうつ病を発症しておらず、うつ病を発症させるような「パワーハラスメント」も過重労働もなかったとする事業主側の主張が採用された。

労基署が「精神障害」を発症させるような出来事（「心理的負荷」）が職場で生じていたかどうかを判断する際、指標となるのは「業務による心理的負荷評価表」（厚生労働省 2011a）（以下、心理的負荷表という）である。心理的負荷表では、「（ひどい）嫌がらせ、いじめ、又は暴行を受けた」「上司とトラブルがあった」という形で、職場で生じる可能性の高いできごとで精神障害の発症要因となりうるような事柄が類型化されて列挙されており、それぞれの「出来事の類型」に応じて「心理的負荷の強度」が「Ⅰ」から「Ⅲ」の三段階で割り振られている。監督官はこれらの一覧表のうち、どれがそのケースに該当するのかを思案して当てはめ、最終的に「弱」「中」「強」という形で心理的負荷を判定する。

監督官は医学的専門知識を持っているわけではない。そのため、従来、精神障害の労災審査は困難を極め、その結果は労基署ごと、ひどい場合は調査官ごとに相当なばらつきがあった。「判断指針」から「認定基準」への改定は、審査結果の斉一性を高め、事務作業の迅速化を図るという意味合いも含まれていた。言いかえれば、心理的負荷表には精障害のリスク・ファクターが一覧表として示されており、医療の専門家ではない監督官でも精神障害の有無や程度を判断することが可能な形式に加工されている。自殺の「動機の動機」は、心理的負荷表というメニューから適宜選択され、数量的に把握され、組み立てられる。多様で複雑な自殺の動機は、官僚制のもとでその複雑性を縮減され、合理的手続きに則って斟酌されていく。

労災認定の審査の過程で、Nさんの配車や積荷に関する事情は、「上司とのトラブルがあった」

というできごとの類型に該当するか否か、該当する場合、その心理的負荷の強度はどの程度かという観点から検討された。労基署の判断は、「上司とのトラブル」に該当するできごとを示す証拠はないとした上で、「強いてあてはめると、(…)、配車に伴うある程度のバラツキは通常業務の中で仕方のないことであり」「日常的に経験する程度の心理的負荷で」あるため、通常ならば「II」と判定するところ、Nさんのケースでは「強度はIに該当する」というものであった[10]。

また、自殺当日の破損事故と電話の件に関する労基署の判断は、事業主側の主張を踏襲したものであった。「死亡労働者が関係者等から叱責を受けたという事実は認められない」とした上で、仮に通話があっても「特別な事故とみなさない程度のこととして処理されている」はずであるから、「会社にとって重大な仕事上のミスをした」というできごとの類型には該当しないという判断である。「会社にとって重大な仕事上のミスをした」というできごとの類型は、本来であれば「III」(最も重い心理的負荷)と評価される項目であるが、Nさんのケースでは目に見える証拠がなかったことも手伝って「I」に修正されている。

このように、「業務」フレームによって認識されにくかった「配車や積荷に関するハラスメント」は、遺族の訴えによって可視化されようとしたが、「うつ病」フレームのもとに再び不可視化された。労基署の調査では、生前のNさんに「うつ病」を発症していた痕跡が見つけられなかったこと、また、「うつ病」を引き起こすほどの「心理的負荷」が職場に見当たらないことを理由に、Nさんの自殺は業務に起因する死ではないとの判定が下されたのである。審査の過程において、配車や積荷に関する不平等な処遇が長く続いていたことや自殺当日の会社との電話が自殺の直接的なトリガーとして扱われることはなく、それらはあくまでも「うつ病」を引き起こす心理的負荷として査定されたために、Nさんが被った「パワーハラスメント」のフレームは滲《にじ》んだ。

そして、このような労基署の判断を支えているのは精神科医による医学的判断である。Nさんのように精神科の受診歴や治療歴のないままに自殺した案件は「高度な医学的検討が必要」（精神障害の労災認定の基準に関する専門検討会 2011:59）なケースに相当し、地方労災医員協議会精神障害等専門部会の合議による意見書が提出される。

その意見書を確認すると、Nさんが被った「業務による心理的負荷は（…）一般的に精神障害を発病するおそれのある程度のものと認められない」。それゆえ、Nさんの自殺は「職場における心理的負荷に起因する精神疾患を発症し、その精神疾患によるものと認められない」と結論づけている。

長男による労災申請は最初の審査に二年を要し、不支給決定の通知が届いた。そして、審査請求、再審査請求ともに却下され、不支給決定の取り消しを求める行政訴訟に進んだが、一審二審ともに敗訴し、上告を断念している。労災申請から上告断念に至るまでに一三年の月日が流れたが、Nさんの自殺は業務に起因しないというのが労基署と行政訴訟の一貫した判断であった。「業務」フレームによって認識が困難だったNさんへの「パワーハラスメント」は、遺族の「業務上災害」の訴えにより一旦は可視化されかけたものの、労災審査の過程で「精神障害」フレームがはめ込まれたことによって再び不可視化されたのである。

「うつ病」フレームの固定、遺族による自殺解釈の変容

労災保険制度において自死の「動機の語彙」がいかに構成されるかは、遺族の生活や実存に直結する問題である。労災認定されれば遺族補償給付や葬祭料等の給付がなされ、一時的ではあるが生活の安定にも寄与する。一方、認定が下りない場合は、会社での証拠集めなどの労災申請に係る経済的・精神的負担も報われない。行政訴訟や民事訴訟へ進んだ場合には、多額の訴訟費用もかかる。主たる生計維持者を亡くした場合、遺族にとってこれらの精神的・経済的負担は重い。

さらに、生活問題のみならず、自殺の動機が何と確定されるのかは遺族による自殺の意味づけにとって重要である。むしろ、こちらの意味合いの方が大きいかもしれない。遺族や支援者と話すと、労災申請や訴訟は「お金のためにやっているのではない」と言う人が多いからである。給付される保険の額は多くなく、場合によっては労災申請にかかる労力に見合わない。金銭的な見返りよりもむしろ、遺族はなぜ、どのような状況で家族が亡くなったのか、どういう理由で死ななければならなかったのかを知りたいと強く思っている。

遺族は悲嘆、亡き人への怒りや思慕、自責の念、周囲への恥の意識を感じつつ、その死を受容しようと試み、暮らしを再構築していくことになるが、その際、自殺の意味づけが労基署の判断や訴訟に影響を受けることがある。長男によるNさんの自殺の意味づけのプロセスについて、インタ

ビュー調査と手記をもとに再構成すると次のようになる。

長男は、Nさんが死の数ヵ月前から頻繁に「わしのかたきを討ってくれ」と言うようになっていたことから、「薄々父の精神は蝕まれているのではないかとは思っていましたが、まさか本当に自殺するとは思っていませんでした」という。それゆえ、死後一ヵ月程はパニックであまり記憶がない。葬儀諸々が一段落した頃、長男は労災申請の手続きのために弁護士や精神科医と話をするうちに「重度ストレス反応」や「うつ病」という概念を知った。

だが、「父親は強い存在であって欲しいという思いから」「父が亡くなった当初は、自分の父親が精神障害を発症していたことなど認めたくありませんでした」。この発言を裏付けるように、労災申請時に長男が執筆した手記には、「心身ともに疲弊しきっていたこと」がNさんを自殺に追い込み、その死には「会社と上司に対する抗議の意味もあった」と思っていると記されている。

父が「うつ病」だったという確信を持てなかった長男は、「パワーハラスメント」や長時間労働が争点となるのではなく、「うつ病」であったか否かが労災の審査や行政訴訟での争点になったことについて、「正直違和感を覚えました」という。そして、「行政裁判を始めた最初の頃は、なぜ、過重労働やパワハラも含めて争ってくれないのかというもどかしさやいら立ち、隔靴搔痒の感等がありましたが」、他の遺族の行政裁判を傍聴するうちに自殺案件の労災認定は「うつ病であったか否かでしか判断されないのだと諦めていました」。長男が労災申請をした二〇〇一年頃は自殺での労災申請が増加していく過渡期だったこともあり、自殺で労災が「認められれば運が良いぐらいにしか思っていなかった」とのことである。

その後、過労死問題の家族会で活動することを通して、「自分だけが不幸なのではないと知った」と同時に、労災申請や訴訟での「闘い方を教えてもらった」。周囲のアドバイスにしたがって、労災認定を得るためにあらためて「うつ病であったことのエピソードを探し集め」ると、「さまざまなうつ病エピソードが出てきたので、やっぱり父はうつ病に罹患していたんだと思うようになり、今でもそう思っています」ということである。そして、父が「うつ病」によって死に向かったという認識を決定的なものにしたのは、原告側の精神科の「医師の意見書でした」とのことである。意見書は、Nさんがパワーハラスメントと長時間労働によって「中等症うつ病エピソード」を発症していたところ、当日の破損事故を苦にして自殺したとの見解を示している。

「状況の定義」の確からしさは諸々の儀礼や儀式、さまざまな舞台装置によって担保され、当該状況にふさわしい参加者の振る舞いがおのずと導き出される（FA: 247-300）。労基署や法廷や精神科クリニックや弁護士事務所という「舞台」で、「心理的負荷表」や「診断書」といった「物」や「資源」に囲まれ、自死遺族や精神科医という「役割」が遂行される中で、「精神障害」フレームは「投錨」され、固定化した。

自殺の労災認定を望む場合、できる限り認定基準に合致するように証拠集めをすることになるが、現行の制度ではそれが「パワーハラスメント」や労働時間数の証拠集めであると同等、もしくはそれ以上に、「精神障害」発症の証拠集めという様相を呈する。というのも、「パワーハラスメント」

が自殺の直接の「動機の語彙」として採用されにくく、「パワーハラスメント」と自殺の間に「精神障害」が差し挟まれ、「精神障害」が自殺の「動機の語彙」の中心的位置を占めるためである。労災保険は「業務上疾病」に対する保険給付であり、制度の設計上、自殺は何らかのかたちで「疾病」と関連づけられなければ保険給付の対象となりえない。

遺族が不支給決定の取り消しを求めた行政訴訟の判決は、「嫌がらせの事実を認めるに足りる証拠はなく、原告の主張は採用することができない」とした上で、「生活状況や態度には、亡Nがうつ病に罹患していることをうかがうべき事実ないし証拠はなく」、したがって死に向かった当時、「うつ病に罹患していたと認めることはできない」ことを理由に原告の請求を棄却した。控訴審も、Nさんが「うつ病にかかっていたとは認められず、そのほか亡Nの自殺に結び付く業務上の要因は認められない」ことを根拠に請求を棄却している。

このような労働者の自殺解釈の特徴は、子どものいじめ自殺のそれと比較することで、よりクリアになる。子どもがいじめを背景に自殺した場合、周囲が「うつ病」という動機を付与することは稀である。たとえば、二〇一二年に起こった大津市の「いじめ自死」に関する第三者調査委員会は、「重篤ないじめ」が少年Aに「屈辱感、絶望感、無力感を与え、「生に向かう気力」を喪失させた」と判断し、「いじめが自殺につながる直接的な要因になった」と結論づけている（大津市立中学校におけるいじめに関する第三者調査委員会 2013: 58ならびに60）。一方、Nさんのケースでは「パワーハラスメントが自殺につながる直接的な要因になった」とは誰も言わず、「うつ病」という迂回路を通過して動機が組み立てられている。

6 むすびに代えて――次世代への影響

本章では、Nさんのケースを検討することを通して、「業務フレーム」のもとに不平等な業務分担や人格攻撃等が生じると、「パワーハラスメント」として認識されにくいこと、ならびに遺族の訴えによって可視化されかけた「パワーハラスメント」が労災保険制度や行政訴訟における「精神障害」フレームによって再び不可視化される過程を明らかにした。

長男は父親の自殺と労災申請や訴訟の連続の中でうつ状態に陥った。父が懸命に働いた結果、自殺に至ったことで、働くこと一般に対するポジティブな考えを持ちにくくなったという。また、長男は三〇歳代半ばであるが、Nさんへの配車差別や嫌がらせは、少なくとも長男が小学六年生の頃には始まっていた。長男が中学一年生の時、U課長の娘と長男は同じクラスになった。長男は、上司の娘から「N運転手の子だから」という理由でさまざまな嫌がらせをされた。会社での親の人間関係が、子ども世代にまで波及したのである。

流動性が高く、匿名性も高い大都市圏であれば、こうしたことは起こらなかったかもしれない。しかし、Nさん一家が暮らしていたのは、仕事が限られ、子どもの進学先の選択肢も限られる地方都市である。親の職場での人間関係と地域での人間関係が密接に連動し、その影響が子ども世代にも及んだ。同様の現象は大都市圏であっても社宅住まいの場合や、外国であっても駐在員コミュニティなどで生じる場合がある。企業が従業員の職住を丸抱えする閉鎖的空間では、子ども世代の人間関係が親世代の関係をトレースしたものになることがある。

長男は、「頭の悪いトラック運転手の息子だから○○も馬鹿だ」とクラス中に言いふらされ、画鋲を貼りつけた椅子に座らされたり、U課長の娘と組んだ男子上級生達から体育倉庫で暴行を受けたりした。娘はまた、野球部員や女子生徒の間に「長男が野球部や女子の陰口を叩いている」との噂を流し、長男が全方位から嫌われるよう仕向けた。長男は毎日のように殴り合いの喧嘩や集団暴行を受け、女子からも反感を持たれる羽目になった。

長男は当時を思い出し、Uの娘が執拗に長男を追い込もうとしたのは、長男が彼女に対して「父の上司の娘」としてへりくだることなく、淡々としていたことが原因だったと述べる。すなわち、彼女は親同士の関係を自分たち子ども世代の人間関係にまで持ち込み、長男が「部下の子」という役割を遂行し、「上司の娘」である自分に対して殊更の「儀礼的相互行為」を遂行するよう期待していた。しかし、長男は親世代の役割関係を自らの世代の関係には持ち込まず、単なる「クラスメイト」として振る舞っていた。クラスメイトであれば、その関係性は基本的にフラットである。長男と上司の娘では、状況の定義とそれに付随する「状況適合性の規則」が最初から異なっていた。

クラスメイト役割を遂行し、特段「上司の娘」に気を遣う様子を見せない長男に対して、娘は自分で直接手を下すことなく、他の男子生徒を利用して暴力をふるわせ、女子生徒間には長男を孤立させるような噂を流し、長男を屈従させようと試みた。何とかして自らの「状況の定義」に合致するような振る舞いを長男から引き出したかったのであろう。これに対して長男が取った「戦略」は、上司の娘よりすべてにおいて良い成績を残すことであった。あくまでも生徒としての本分にこだわり、「クラスメイト」として勉強やスポーツで完全に彼女を上回ることによって、嫌がらせを克服したという。

このように、「パワーハラスメント」は、被災労働者本人のみならず、次世代の生活や労働観にまで影を落とす。「業務」というフレームを「転調」させたり、その場の参加者が「業務」フレームから皆で撤退したりすることによって「業務」フレームを破たんさせることが突破口になるであろう。そこで生じていることが「業務」というよりも、端的にいじめやハラスメント、暴力であると認識することを可能にするフレームが必要である。

また、不幸にして「パワーハラスメント」やそれに関連した死が生じた場合の、被害者本人や遺族に対する社会的支援の整備も求められる。近年、高等学校や大学での労働法教育の取り組みがNPO法人や厚生労働省などによって試みられているが、まだまだ労災申請までの道筋を知らない人も多い。自殺に対する偏見にさらされたり、主たる生計維持者を亡くして生活問題に直面する遺族も少なくない。今後は、「パワーハラスメント」の概念的な整理や実態把握とともに、被害者や遺族が抱える生活上の諸問題に関する研究も望まれる。

自殺を「精神障害による病死＝労働災害死」と扱うことによって労働条件や労働環境の劣悪さが明るみになり、労働者の自殺にも社会的救済の道が拓かれてきた。しかしながら、自殺の動機を精神障害か否かで推量する制度の陥穽はすでに述べた通りである。労災保険は「業務上疾病」を対象とするため、当然と言えば当然なのだが、「ハラスメント→精神障害→自殺」の図式に乗る自殺ケースは救済されやすい一方、精神障害が確認できないケースはそうではない。ハラスメントは、心理的負荷表において精神障害を引き起こすリスク・ファクターとして位置づけられているが、自殺の直接的なトリガーとしては扱われていない。そのため、現状では、「パワーハラスメント」と自殺を直接に結び付けて事業主の責任を追及したい場合、労災保険ではなく、民事訴訟で事業主の安全配慮義務違反の不法行為等について損害賠償を求めることになる。Nさんの民事訴訟では、うつ病とは確定できないとはいえ職場の人間関係が芳しくないことは確かであり、業務量も過重であったことから、自殺に至ったとの判決が出ている。

Nさんがなぜ亡くなったのかについては、筆者には不可知である。それを推量する立場にもない。ただ、一つ言えることは、「うつ病」を発症しているしていないにかかわらず、ハラスメントによって人としての尊厳や誇りを傷つけられたならば、それは自ら命を絶つに十分なトリガーになりうるということである。

今後は、労働者の自殺の脱医療化を視野に収めながら、「パワーハラスメント」と自殺の社会保障について考える必要があるだろう。労働者が自ら死に向かう際の精神状態について、病気や異常というフィルターを通さずに見つめてみたならば、労働問題を個人の健康問題ではなく、人権の問題として捉えなおすことが可能になる。死の、翻って生の複雑性や多様性は常に社会制度を凌駕する。

第6章　時は金なり、感情も金なり
――ライフハックの現場から

1　はじめに――時間管理の自己目的化

近年、仕事の効率性や生産性の向上を目的とした諸々のテクニックは、ライフハックや時間管理術などと呼ばれることが多い。さばききれない量の仕事を前に、あるいは、仕事と家事・育児との両立をすべく、「時短」や時間の有効活用は現代のキーワードの一つになっている。

さまざまな時間管理のアプリが開発され、スケジュールを書き込む手帳のサイズや構成もバラエティに富んでいる。「時短」や時間管理術に関するトピックは、ネットで検索すれば数多ヒットし、ビジネス系の雑誌でも主婦層を読者とする雑誌の特集でもたびたび取り上げられている。現代人は手に負えないほどの仕事や家事育児に追われ、それらをどうにかしてハンドリングしようとするあまり、今度は時間管理それ自体が目的になっているかのようだ。スケジュールを立てただけで満足してしまい、それを実行しなかった経験は誰にでもあるだろう。

一口に「時短」や時間管理と言っても、育児・介護休業法にもとづく勤務時間の短縮（時短勤務）や「ワーク・ライフ・バランス」に関する政策の文脈から、ビジネス系の自己啓発の文脈での時間管理術やライフハック、そして、時短家事や時短家電、時短育児の文脈まで幅広い。それぞれの文脈で、時間は短縮されたり節約されたりするべきものとみなされる一方で、あくせくせず、ゆったりとしたひとときを持つことが必要だとも考えられている。時間管理と、ゆとり。イライラしないで余裕を持つこと。タイトな納期とシビアな予算と人員の中で、ストレスをためずにうまくやること。家事や育児や介護が重い負担としてのしかかっても、疲れた顔を見せずに職務上のパフォーマンスを維持すること。働く人々にとって時間管理と感情管理は密接に結び付いている。

本章では、特に、ライフハックや時間管理術の実践者へのインタビューやその勉強会での参与観察の結果をもとに、現代社会における時間意識と自己意識について考える。ライフハックという知識や情報は、どのような文脈で生み出され、どのようなかたちで広まっているのか。時間管理をしようとする人々は時間管理術やライフハックに何を求め、どのような実践をしているのか、また、そこでの時間感覚と自己意識とはどのようなものか。これらの問いに答えることを通して、感情が資本であるということの意味について考えたい。

ハンガリーの知識社会学者K・マンハイムによれば、ある知識や思考様式がその社会に広く受け容れられる時、そこにはそれを受け容れる社会的土壌がある。知識は、それを思考する者の存在に制約を受けている（知識の被存在拘束性）。知識社会学は、知識のあり方やその内容と、それを担う特定の社会集団や社会的プロセスの間の相関関係について問うものである（Mannheim 1931）。

ライフハックや時間管理術を、ある一定のまとまりと広がりをもった知識や思考様式とみなすならば、それがいつ頃どのような人々によって生み出され、どのように社会的現実を構成しているのかを問うことによって、「知識社会」や「情報社会」とも称される現代社会のありようが浮き彫りになる。時間を効率よく使うべしという社会規範、時間を管理したいという欲求、そして、それに応えるライフハックや時間管理術という知の広まり。このような構図の背景にあるのは何だろうか。

ライフハックは、元来、シリコンバレーのＩＴ業界から生み出され、インターネットを通じて世界のいたるところに伝播している。伝播した情報を受け取った個々人がそれぞれに利用し、その都度改良や改変を試み、それがさらに広まっていく。国境は関係がない。このような知の伝播のあり方それ自体が現代社会の特徴の一端を映し出しているが、本章では、特に日本のフィールドに照準を絞り、ライフハックの考え方と実践の内実を明らかにしたうえで、このような知を介した時間管理が、感情管理と密接に絡んでいること、ならびに、それらを上手く行うことが職業人としての評価に関わっていることを浮かびあがらせる。

ベースとなる調査の実施期間は二〇〇八年六月から二〇〇九年三月、インタビュー対象は大手企業勤務のシステムエンジニアやＩＴ系の起業家である。調査の実施から約一〇年が経過しているが、日本にライフハックが輸入された当初の状況を確認しておくことによって、時間規律と自己規律の現在地を改めて認識することができるだろう。

なお、ライフハックは情報・通信のシステムエンジニア界隈に源流があるが、この業界は「過労死・過労自殺」の発生割合が高め安定で推移している（厚生労働省 2019a）。アメリカのソフトウェア開発コンサルタントのE・ヨードンは、ソフトウェア開発の苦境を「デスマーチ（Death March）」というかたちで描写し、システムエンジニアたちが時間的にも心身の面でも追いつめられる背景には、①納期の短さ、②人員の不足、③予算の不足、④技術的要求水準の高さがあると分析している（Yourdon 1997）。同書は一九九七年に初版が上梓され、爆発的に読まれてから二〇年が経過したが、その状況は改善されるどころかますます悪化しているようにも思われる。

システムエンジニアが時間にも仕事にも追われており、それが時間管理術へのニーズを喚起した一因であることは疑いえない。だが、本章の主眼はそこにはない。むしろ、システムエンジニアという特定の職種にとどまらず、ライフハックや時間管理の感覚が現代の働く人々に広く共有されている点にこそ注目する。私たちは、なぜこれほどまでに時間をコントロールしたりマネジメントしたりしようと試みるのだろうか。ライフハックや時間管理術の実践について分析することを通して、感情資本主義社会における時間と感情について検討する。

2　ライフハック

システムを改良すること、生活や人生を改良すること

日本のライフハック界の先駆けである小山龍介によれば、ライフハックとは「ストレスなく生産性を上げる仕事術のこと」（原尻・小山 2006: 10）である。ライフハックは元来、アメリカのコンサルタントであるデビッド・アレンの著書『Getting Things Done』がＧＴＤと略され、インターネット上で話題になったことに始まる。ＧＴＤをアメリカのライターであるダニー・オブライエンが「ライフハック Life Hacks」と名づけ[1]、それにネット上で反応した人々が、互いに共有できる仕事のテクニックやツールを次々に紹介しあうようになった。当初、流行の中心にいたのはアメリカのエンジニアやシステムエンジニアたちである。

ライフハック誕生の背景には、シリコンバレー特有の文化があるという。日本では、「一日八時間の作業を一〇日間やって、これだけのものが完成した」と考える傾向があるが、シリコンバレーでは「一〇日間かかることを三日でやってしまおう」という発想がされる。ライフハックは、「一年間、死に物狂いで働いてシステムを作ってひと儲け」といったアメリカンドリームに加え、新しい技術が絶えず出てくること、ゴールが見えにくい仕事内容、他の人との共同作業の増加など、複雑になる一方の仕事をいかに効率良く片付けていくかが焦点になる中で生み出されてきた。

ライフハックはブログを中心に広まってきたが、そうした記事のタイトルは「〇〇する10の方

法」や「△△に共通する5つの特徴」といったものが多い。グーグルの機能や使い方、文房具の特徴や機能性の評価、他人と差がつく手帳の使いこなし方、対人関係を良好にする方法など、日々の仕事を便利に楽しく効率良くする諸々の工夫や、ちょっとしたコツの総称がライフハックと呼ばれている。原尻・小山によれば、ライフハックは「実践すると仕事の効率が上がり」、それによって「楽しく仕事ができる＝ストレスがなくなる」ことを目的とする（同前：10）。ハック（hack）とはもともとプログラマー用語であり、自分たちに使いやすいようにプログラムに手を加えたり、ツールを使ったりすることを指していた。それはいわば「プログラマーたちの知恵」であり、このような知恵を仕事や生活全般に応用したものがライフハックである。

なお、一般的には、ハッカーというと他人のコンピューターに侵入して悪行をする者のイメージであり、マイナスの印象がある。(2) なぜ、仕事の知恵が「ハック」と名づけられているのだろうか。筆者によるインタビューに応じてくれたN氏（グローバル企業でシステムエンジニアとして勤務している）によれば、「「ハッキング」にはプラスのイメージがあるんですよね、エンジニアの間では。「ハッカー」というのは敬称なんです。褒められること。ハッキングというのは、ソフトウェアの内容を理解して、自分のものにして、より良いものを創るという意味で使われることが多いので。（…）そういう意味で、人生のハッキング、生活のハッキングという意味でも、プラスのイメージで使われたのではないか」とのことである。(3) すなわち、ライフハックとは、効率性の向上を目的とした、ソフトウェア開発やシステム改良との類似で人生や生活を改良しようとする思考と実践である。

GTD――スケジュールの整理とレビュー

それでは、ライフハックが普及する契機となったGTDとはどのようなものだろうか。アレンやオブライエンの著作を見ると、GTDで行うことは、大別して、(1)「すべきこと」をすべて紙に書き出す。(2)書き出した事柄について、求める結果ととるべき行動を決める。(3)とるべき行動がとれているか、定期的に見直す、というものである。これらの大枠にもとづき、①収集、②処理、③整理、④レビュー、⑤実行という五つのステップが用意され、それらを定期的に繰り返す。

たとえば、ステップ①の「収集」では、頭の中にある「すべきこと」や「気になっていること」を紙に書き出す。手帳や付箋、オンラインの予定表やカレンダーなどに書き込んでいたものも、すべて一枚の紙に書き出す。書き出す内容は、作業中のプロジェクトや、会議やセミナーの予定、電話やメールをすべき相手と時期といった仕事の領域と、それにとどまらず、資格取得のための勉強、家族旅行、食事会の予定など、スキルアップやプライベートなどのあらゆるジャンルを含める。

ステップ②の「処理」では、前ステップで書き出した事項について、すぐに着手するものとそうでないもの、他の人に任せるものと自分でするものなどに分類し、後回しにするものに関しては期限をいつにするか、他の人に任せる場合は誰に任せるかなどを決める。なお、このステップでは、仕事に取り掛かるのではなく、仕事を分類することに集中する。

ステップ③の「整理」では、ステップ②で分類したリストについて、すぐに行動を起こす必要のないものについては「ゴミ箱」に捨てる。また、今すぐには無理でも近い将来に実行する可能性がある選択肢は「保留」として留め置き、のちに何からのかたちで役立ちそうなものは「資料」として参照できるよう保管しておく。すぐに行動に移すべき事柄は手帳やオンラインカレンダーなどに転記する。

ステップ④の「レビュー」では、整理されたそれぞれのリストについて、週に一度程度定期的に見直しを行う。「すべきことリスト」は増えていないか、増えているとすれば何が増えたのか。「いつかやるリスト」に分類した仕事はまだやらなくて大丈夫か、期日を決めることはできないか。「プロジェクトリスト」は、具体的な行動に落とし込む。「連絡待ちリスト」の連絡はあったかどうか、なければこちらからいつするかを検討する。「カレンダー」の見直しをして、予定に無理はないか、スケジュール変更はないかを点検する。アレンによれば、GTDの成否の鍵を握るのがこの「レビュー」の実践である。なぜなら、「人生や仕事の全体像を、適切な間隔、適切なレベルでレビュー」することや、「やると決めたあらゆる行動や選択肢を定期的に見直すことによって、いざ行動するときに自信をもって正しい選択ができるようになるから」（同前：67）だという。

最後に、ステップ⑤の「実行」である。ここまでの過程を着実に遂行することによって、複数の選択肢から確信をもって「すべきこと」を選んで実行でき、「作業の効率も飛躍的に向上していく」（同前：67）とのことである。

3　頭を空っぽにする

時間管理をゲームにする

前項で見たＧＴＤの一連の流れは、どこかで耳にしたことがある気がする読者も多いだろう。ＴｏＤｏリストの作成と分別、振り返りと修正は、今やスケジュール管理の定番となっている。

ここで、スケジュール管理法の定番となったＧＴＤに独自の工夫を施しているＯ氏（ＩＴ系ベンチャー企業の社長でＫライフハック研究会の世話人を務める人物）に注目したい。彼は、ＧＴＤを習慣化しやすくするためにアレンジを加え、カードゲームの「ＧＴＤ＋Ｒ」を考え出した。ＧＴＤ＋Ｒは、仕事やプライベートですべきことを余すことなく実行できるようにするための「リアルカードゲーム」である。

Ｏ氏によれば、ＧＴＤは仕事を整理する考え方や大まかなプロセスは提供してくれるが、具体的な実践方法についての言及が少ない。それゆえ、「ＧＴＤというＯＳだけを与えられても初心者には扱えない。自然と使いこなせるようなツール（アプリケーション）をセットしたかたちのＧＴＤが欲しい」（Ｏ氏）との考えから、時間管理術をゲーム化した。常に創意工夫を凝らし、モデルに修正を加えてバージョンアップさせ、汎用性を高めていくＯ氏は、いかにもＩＴ系の起業家である。

ＧＴＤ＋Ｒは、シリコンバレーで産声を上げたライフハックが日本の文脈でどのように進化したのかに関する一例である。ネット空間での拡散と、それぞれの社会的文脈に即したかたちでの伝播を通して、ライフハックのバージョンは数多生み出されていく。

頭を空っぽにすることの効用

O氏によれば、GTD+Rで最初にすべきことは、「頭の中を空っぽにすること」である。O氏の考えでは、人がストレスを感じるのは、やるべき仕事が溜まり、ゆとりのない状態に陥った時である。仕事はどんどん入ってくるが、さばききれずに溜まり、イライラや焦燥感につながる。そのため、消化不良を起こさず、仕事がスムーズに流れるようにするために出口を意識的に作るという。

この点についてO氏は、パソコンでメモリ容量が不足した場合にファイルやアプリを削除したり整理したりして容量を確保するのと同様、頭の中に散らかったファイルを一旦すべて吐き出すことで脳のメモリを増やすのだと説明してくれた。そうすることによって切羽詰まった感覚に囚われることが少なくなり、気持ちに余裕ができる。また、やるべきことが明確になっているため、それらを行動に移しやすくなり、良いアイデアをひらめく回数が増え、うっかりミスや物忘れも減ったという。

O氏は自らの経験にもとづき、GTD+Rが「開放感、安心感、達成感」をもたらすものであり、それらが合わさって「自信」につながること、ならびに「効率的な仕事術」をマスターすることで「人生の質を高め」、それが「自分を高める」ことになるとの考えを持つに至ったと話す。

言いかえれば、ライフハックによる時間管理の特徴の一つは、働く人々おのおのが自ら時間を管理し、自分自身で仕事の流れをつくるという点にある。時間管理には、自分でスケジュールを立てること、そして、スケジューリングがうまくいっているかについてもセルフモニタリングすること、さらにはモニタリングに続くリスケジュールまでが含まれる。それは会社や上司によって一方的に上から管理されたり、工場での労働のように一律のタイムスケジュールを強制されたりする類の時間管理とは趣が異なる。ライフハックを実践する人々は、時間を管理する主体はあくまで自分自身でありたいと考えており、それが首尾よくできた時に達成感や充実感を得るようである。時間を操作対象とみなすこと、時間を自らの手で舵取りできているという実感がライフハック実践者の自己意識にとって重要な位置を占めている。そして、それに付随するが見逃せない効用として、イライラや切迫感の解消、焦りや怒りっぽさへ対処しやすくなるということがある。ライフハックを通した時間管理、ならびに時間管理を通した感情管理は、外部や他者から命令されて行うものではなく、自発的になされる。

4　ライフハックの伝播、ライフハックを介したつながりの創出

媒介項としての文房具

それでは、ライフハックは、どのような形で社会に広まり、共有されているのだろうか。O氏に

よるライフハックに関するワークショップを例に考えよう。(4) O氏のワークショップでは、事前に参加者の机に文房具があらかじめ配布されていた。それは、RHODIA（ロディア）のブロックメモ二冊、水性マーカー二本、ペン型のり、A7カードホルダー、カレンダー、クイックリファレンス、プレイシート、プレイカード、白紙のA4用紙三枚、EM-ZERO、クリアホルダー。これらのグッズに加え、参加者は各自の手帳と筆記用具を持参するよう事前のメールで連絡されている。

最初に、当日ファシリテーターを務めるO氏の自己紹介があり、職業やライフハックに関心を持った経緯についてなどが語られた。O氏がファシリテーターではあるが、ソーシャルネットワーキングを介した集まりのため、皆、基本的に対等な仲間であり、その日はO氏がリーダーを担当したというほうが正しい。

次に配布グッズを確認し、各自の手帳や筆記用具を改める。その際、配布された一つ一つの文房具に関してO氏から注釈や講釈がある。メーカーや購入した場所、値段、長所などについて説明がなされ、参加者は興味深く聴いている。これは、文房具に対する愛着やその使い方に関する創意工夫がライフハックの肝の一つであることがよくわかる瞬間であった。時間管理術というと、いかにも多忙で時間に追われ、汲々として余裕のない様が脳裏に浮かぶが、その場の参加者たちはどこか楽しそうでゆとりすら感じられる。真剣に文房具の微細な差異にこだわったり、その使い道に頭をひねったりする様子は意気揚々としており、傍目にはほとんど趣味の世界だなという気にさせられるものであった。

つづいて、アイスブレイクを兼ねた各自の自己紹介に入る。配布されているRHODIAに名前と職業などを書き、それを隣の人に渡して互いが互いの名前が書かれた紙を一枚のA4用紙に貼り付けあう。隣の人と協力しあってのり付けしながら話すきっかけをつかみ、打ち解けることができる仕組みになっている。RHODIAに記載する名前は、ハンドルネームでもニックネームでも本名でもよい。この点、ソーシャルネットワーキングによる集まりらしさが感じられる。

次に、いよいよ「GTD＋R」のデモンストレーションに入る。まず、O氏はアイスブレイクの際に使用したRHODIAの歴史について説明する。巷に幾多あるメモブロックの中で、なぜRHODIAのものを使用せねばならないのか、率直に言って特に根拠はない。一〇〇円ショップでも類似品は手に入る。けれども、O氏はRHODIAの使用にこだわる。その根拠をRHODIAの歴史や品質の高さに求め、「良い道具は頭の回転を助ける」こと、それゆえRHODIAが「思考ツールとして最適である」と参加者に語りかける。

O氏の例からも理解できるが、ライフハックを実践する人々には、用いる文房具のブランドや使用法に並々ならぬ関心や愛着がある。その使用方法を新しく生み出すことそれ自体に喜びを見い出していると言ってもよい。文房具は、彼らにとって単なる仕事道具や時間管理のツールという以上の意味を有するものとして存在している。特色のある文房具の最新情報や、変哲のない文房具でも独自の使い方を考案してそれを他者とシェアすること、それらによって仲間意識が生み出される。文房具とその使用法は、彼らのつながりの形成における重要な媒介項となっている。

「得する読書」と「見える化」

Kライフハック研究会では、「得書会」という名の読書会を不定期に開催している。本を読む時間を取れない、買ったけれども読んでいない本を読むきっかけが欲しい、興味深いと思った本を分かち合いたいという場合に、それらを持ち寄って皆で読むという会である。会は一般的な就業時間の後、一九時から二一時過ぎの間に催された。参加者は、筆者を含めて七名であり、職種はばらばらであるが、システムエンジニアが多い。年代は二〇代後半~四〇代が多く、五〇代の方も一名。筆者以外はすべて男性であった。

参加者は一八時半ごろより集まり始め、各自が持参した本をテーブルに並べていく。この日、持ち寄られた本は三三冊。それぞれが気になる本を持ち寄るため、ジャンルにはばらつきがある。主だったものをあげると、『LifeHacks――楽しく効率よく仕事する技術』『STUDY HACKS!』『やっぱり欲しい文房具』『仕事は楽しいかね?』『最強の「時間力」』『ひらめき脳』『思考力と対人力』『ブランド人になれ!』『おもてなしの経営学』『アート・オブ・プロジェクトマネジメント』などである。ライフハック本や時間管理本、仕事術、仕事との向き合い方、SE業界に関するものなど、いわゆるビジネス書や自己啓発書が大半であった。

一九時から開始し、二〇時四五分までは各自が持ち寄った本のうち、興味を引かれたものをひたすら読む。テーブルいっぱいに並べられた本のうち、どれを読んでもかまわない。自分に合わないとなれば、すぐに他のものと取り換える。その様子は、読書というよりも、書店での立ち読みやテレビのザッピング、ネットサーフィンを想起させる。二〇時四五分になると、それぞれが読んだ本について要約し、三分間でプレゼンをする。プレゼンの仕方は自由であるが、三菱鉛筆製のカラーサインペン・プロッキー（uni PROCKEY）を用いて本の内容をカラフルに図示する人もいる。ここでもメーカーや型番を指定するなど、文房具へのこだわりが見え隠れする。

本の内容や会議での議論の内容を「見える化」する技法は、「ファシリテーション・グラフィック」と呼ばれる(5)（新岡ほか 2008）。会議の内容を聞きつつ書く、あるいは本を読みながら内容を図に表していくことで議論の迷走を防ぎ、内容がその場にいる者全員の頭に入ってくるようにする。それにより、無駄な会議の時間が減り、仕事の効率化が図られるという。

一般的に、読書会といえば皆で一冊の課題図書について精読し、それについて議論をするというスタイルが思い浮かぶが、ここでの「得書会」はそれとは異なり、皆がそれぞれの関心にもとづいてそれぞれ別の本に目を通し（熟読するのではない）、そこに書かれていた内容や気づいたことについて簡潔にまとめてシェアしあう。「得書会」における読書は、本をじっくりと読んで思索するというよりも、情報のインプットとアウトプット、仕事術の共有化と言ったほうが適切である。皆で読書をすることによって「何か得した気分」になること、それが「得書会」の意義である。その名が示すとおり、「得書会」においては読書が損得勘定や経済合理性と結び付けられている。制限時間内にできるだけ多くの本を読み（読書の質よりも量の重視）、仲間と共有することを通して、その時に話題になっているトピックをタイムリーにキャッチする。その意味での効率性や合理性に重点が置かれており、それは知を情報のフローとして扱う態度によって成り立っている。

ライフハック・コミュニティに集う人々——業種、男女比、年代

ライフハックは、既述の通り、インターネット上のブログやソーシャルネットワーキングを通して広まった。M氏がライフハックやGTDに関するコミュニティを立ち上げたのは二〇〇一年頃であり、当初は人が集まらず、何をやっていいかもわからない状態だったが、徐々に広まったとのことである。

実際の研究会や活動に参加する人の職種は圧倒的にIT系のエンジニアが多い。知り合いが知り合いを呼んでくるという。とはいえ、医師や看護師、教員、OL、寿司屋など、多種多様な業種・職種の参加者もいる。筆者が参与観察を行った第一〇回Kライフハック研究会では、参加者は三〇名（男性二七名、女性四名）であった。男性の比重が高い。参加者の年齢層は二〇〜三〇代が多いが、五〇代の人も散見される。筆者の隣に座ったのは五〇代前半の男性で、モスクワで日本の計測機器メーカーの所長をしている人物であった。ソーシャルネットワーキングを介した集まりのため、初対面の人もいれば顔なじみの人もいるという具合に、参加者間の親密度はさまざまである。

5　ライフハックの社会的機能

充実した仕事をすること

二〇〇八年夏、関西のライフハック業界の中心的人物であるN氏とM氏にインタビューを行った。両氏はともに三〇代前半の男性で、グローバル企業のシステムエンジニアとして勤務している。

まず、なぜライフハックなのか、ライフハックに何を求めているのかについて訊いた。すると、両氏ともに「仕事のモチベーションを上げ、仕事自体を楽しむため」という理由を挙げた。二人とも一部上場の大手企業に勤務し、普通に業務をこなしていれば安定した給与が得られるのだが、物質的な豊かさがある程度達成された社会では、新製品をつくってもそれほどの感慨がないと話す。自らを「テレビがない時代にテレビを開発した時代のような感動を味わうことができない世代」だと位置づける彼らは、ささやかであっても日々の仕事自体を楽しくすることで、仕事へのモチベーションを維持しているとのことであった。

とはいえ、単に日々の自分の仕事をご機嫌にすることが目的というわけではない。かつて、松下幸之助は「企業は社会の公器である」（松下 2001）と言った。(6) 彼らは企業の社会的責任や使命に対するこうした考え方に共鳴しつつ、自分たちなりに捉えなおして社会貢献につなげたいと話す。「日々の仕事を楽しくし、個々がモチベーションを上げていくことによってチーム全体が良くなり、プロジェクトが成功する。それによって会社も儲かるし、社会も良くなる」とか、「価値観がバラバラな中で、個々人がよく仕事をすることで全体が良くなる」(N氏)というのが彼らの考え方である。それは一代で功成り名遂げた創業経営者の経営哲学や訓話を実直に内面化し、それに従って社員全員が同じ方を向いて一致団結して仕事にあたるのとは異なる仕事との向き合い方であり、個々人がそれぞれいかに充実した仕事をするのかを起点とする、仕事を通じた社会貢献である。

「アート」としてのソフト開発、工業化されえないスキル

N氏は、ライフハックの広まりの背景要因として、ソフトウェア業界に従来の工業社会的な生産方法がなじまないことを挙げる。ソフトウェアの開発現場では今も昔も生産量が「人月(にんげつ)」という単位によって勘定される。一人の作業員が一カ月かけて担う作業量が「一人月(いちにんげつ)」である。人月という単位は、個々人の能力や才能を度外視した、工業社会的な生産様式を踏襲したものであるため、さまざまな問題が引き起こされる[7]。

ソフトウェア開発は「アート」に例えられることがある。それほどに生産性の個人差が大きく、F・P・ブルックスの統計によれば三五倍の差になるという(Brooks 1995)。すなわち、整然と構造を書ける人が一日でやる仕事量を、別の人は三五日かかってやることになる。そのうえ、たとえ苦労して三五日間かかって仕上げても、秀でた人が一日で仕上げたものと比して質が良くないということもしばしば生じる。N氏もM氏もこうした才能のばらつきを日々実感しており、飛び抜けて有能なエンジニアが一人だけいても、プロジェクト全体がうまくいくわけではないという。

N氏もM氏も優れたエンジニアであり、彼らの生産性の高さが社内でも上位数パーセントに入ることは自他共に認めている。そこで、彼らは自分たちが実践している仕事のコツを言葉や道具にして他者に伝えることを思いついた。それがちょうどライフハックが流行し始めた時期に重なり、関連書籍やウェブサイトを閲覧するうちに、自分たちでも情報を発信するようになった。自分たちが暗黙のうちに行っている作業を自覚し、言語化し、他者と共有するという一連の過程は、彼ら自身にとっても新鮮な経験になったという。

技量のバラつきを均すために仕事のコツを汎用化すること、「暗黙知を形式知へ転換させる」こと[8]、わかりやすく整えた形式知を発信して広く共有すること、それによってプロジェクト全体をうまく進め、自分もチームの仲間も楽しく気持ちよく効率的に仕事ができるようにすること、そうしたものへの志向こそ彼らがライフハックを生み出し、発信し、共有する根底的な動機となっている。ライフハックや時間管理術の実践は、自己への気づき、動機づけ、他者との共感、関係性の調整といったセラピー的な発想と親和的である。

「暗黙知」をめぐる世代間の断絶

N氏とM氏は、社内の上役（彼らよりも上の年代層）に向けてライフハックやアジャイル開発についての勉強会を行ったことがある。その際、「おもしろいなぁ」という感想が多く、おおむね好評であった。ただ、「それって当たり前のことだよね」という反応も少なくなく、「そんなのわざわざ言葉にするほどのものなのか」という問いかけもあったという。裏返して言えば、N氏M氏は上の世代の「当たり前」を言語し、目に見える形で提示することに成功したということであろう。

また、N氏M氏よりも下の世代では、N氏M氏の「当たり前」が通用せず、普段の業務の中でもN氏M氏が「え、そんなん当たり前やん」と驚かされる場面があったり、「この通りやっていれば大丈夫だから、とにかくやってみなさい」と指示しても、すんなり通らないことがある。何が「当たり前」であるかは、世代によってもコミュニティによっても異なる。上の世代とN氏M氏の世代、および、その下の世代では世代間のギャップがあり、N氏M氏の社内ライフハック勉強会は、上の世代の「暗黙知」を言語化し、ツールとして目に見える形で示すことによって世代間の断絶を埋めようとする試みである。

このような勉強会を持とうと思ったきっかけについて尋ねてみると、N氏M氏は、昔から仕事の仕方は上司や先輩の背中を見て盗めばよいというが、それでは間に合わないのが実情であると答えた。特に、ソフトウェア業界では処理すべき情報量が膨大であり、その処理速度にもスピードが求められる。エンジニアは知識やスキルの更新を常に要求されている。ライフハックには時間短縮や効率性の向上を謳うものが多いが、そうした知を用いて他者よりも短い時間で知識やスキルを習得・更新することができれば、それは職業人として「武器になる」(N氏)。

すなわち、知識やスキル、価値観という多くの面での「当たり前」がどんどん陳腐化していく社会において、ライフハックは世代間の共通理解を下支えするツールとして機能する可能性を秘めている。知識やスキルや考え方を共有したい、もしくはそうする必要性があると感じ、実際にアクションを起こし、それが多くの人々を巻き込む形で展開していくうねりとなっている背景には、万人にとっての「当たり前」が成立しない社会状況がある。

承認と交換

N氏は、「ライフハックの名のもとに自分の生活を良くしようとする人たちは前向きな人」が多く、そういう人たちに刺激を受けることが「仕事をやる原動力」になっていると話す。皆、誰に命令されるわけでもなく自発的にコミュニティや勉強会に参加し、そうした人々の輪が自然と広まっている。リピーターが増え、リピーターが別の友人を連れてくる。そしてまたその友人が別の友人をというかたちで雪だるま式にネットワークが増殖する。勉強会の後の懇親会や、仲間との語らいを楽しみにしている人も多く、基本的には「楽しいから」というシンプルな理由で参加している人が多い。「皆、同じ話題で集まるっていう機会を探している。しゃべりたい」（M氏）。

さらに、そのようなシンプルな理由のほかにも、「自分の知識が資源になって、交換できて、しかも業界内での地位を上げる、そういうところを皆求めてきている」（N氏）という面もある。ソフトウェア業界では開発の規模が大きくなり、たとえばスマートフォンであれば数千人規模でプログラム開発が行われている。それにともなって加速度的に強まった傾向として、エンジニア一人が担当するプログラムの範囲が非常に限られたものになり、仕事の全体像が見えなくなってきている[9]。

一人ひとりの仕事の範囲が細分化され、非常に限定されたものになるにしたがって、確かに自分が開発に携わった製品が店頭に並んではいるのだが、「自分がつくった」という実感を持ちにくい事態が生じている。

つまり、既述のとおり、プログラミングは工業社会的な生産様式にはなじまない「アート」の側面を持つものだけれども、現実には工業社会的なスタイルで発注や作業工程が進行しているため、エンジニアたちは精魂こめた仕事ができにくかったり、仕事の上で自分の存在意義が見い出しにくかったりする状況にある。「仕事の中でも、自分の〝プレゼンス〟みたいなものをね、入れられないままずっと悶々としている」(N氏)。それゆえ、ライフハックや時間管理術のコミュニティが、所属企業の内外を問わず、自分の存在を認めてもらえる場・自分の存在を確かめる場として存在意義を持つようになる。ソーシャルネットワーキングにおけるライフハックのコミュニティは、自分の時間管理術や仕事術を資源として交換しあう場であるとともに、自分の存在を認識し、相互に承認しあう場、所属企業の枠にとらわれない横のつながりを生み出す場として機能している。

6　時間管理と感情管理

端境期のライフハック

社会学者の伊藤美登里は、国内外の時間の社会学的議論を整理したうえで、大量生産を中心とする工業社会や産業社会では仕事の内容や労働時間が「標準化」されていたが、知的生産を主とする情報社会や知識社会への移行の中で、労働は時間量ではなく成果によって評価されるようになると指摘している。知的労働には、工業社会型の時間管理はなじまない（伊藤 2008: 99-100）。これを踏まえてここまでの議論を振り返ると、「アート」としてのプログラミングは工業社会的な標準化された時間管理に本来なじまないものであるが、そのプロジェクトは「人月《にんげつ》」を単位とする相変わらずの工業モデルによって進行している。プロジェクトの規模が大きくなればなるほど、アーティスティックなエンジニアの綺羅星のような才能は窮屈な思いをすることになる。一人でやったほうが速く、美しい構造が描け、その成果への評価も独占できる。だが実際は、限定された範囲の中で、自分の能力を発揮する場面は限られ、成果も見えにくいかたちでの業務が続く。逆に、さほどセンスが良いわけではなく能力も高くないエンジニアの場合、一人で仕事を抱えこみがちになり、プレッシャーを感じることになる。「アート」としてのプログラミングとはそういう性質を持つ。

職務上いかんなく能力や才能を発揮できる場面が見い出しにくいという不全感や、承認欲求の満たされなさ、あるいは自分で何とかせねばならないという重圧、その上に重なるタイトでシビアな納期や人員、予算、「デスマーチ」との異名をとる苛烈な労働環境。ライフハックや時間管理術は、このような工業社会型から知識社会型への社会類型の端境期に生じた知である。

個人化した時間を、共に生きる

伊藤によれば、産業社会においては時間の管理者は資本家や事業主であり、時間は客観的尺度として機能していたが、情報社会では個人が労働・余暇・生活時間を設計したり時間を作り出して活用するような、時間の「個人化」と「資源」化が進むという（同前：102）。本章を通して見えてきたのは、働く人がそれぞれの時間を生き、おのおので自分の時間を管理し、有効活用しようとする姿である。納期やスケジュールはあらかじめ決まってはいるが、そのような状況にあっても仕事の仕方や時間の割り振りについてプライベートまで含めて総合的に采配しようとする意志が、ライフハックや時間管理術の実践には見い出される。時間管理術やライフハックの実践は、企業による画一的な時間管理や意志を持たない歯車の一つとして労働することを甘受するのではなく、時間管理を通じて自らの生活や人生を自らの手で成型していこうとする営みとして位置づけることができる。

この背景には、現代社会では、ライフコースの選択も自分が何者であるのかを決める自由と責任も、すべて個人の手に委ねられるという「個人化」がある。ベックとベック－ゲルンスハイムによれば、個人化した社会では人は「ホモ・オプショニス（homo optionis）」となる。生と死、ジェンダー、身体、アイデンティティ、宗教、婚姻、親子関係、社会的紐帯、それらはすべて無数の選択肢へと分解され、個人が選び取り、決定すべきことがらとして目の前に差しだされている。(Beck & Beck-Gernsheim 2002: 5)。

もちろん、そうした営為が「標準化された時間」や「時計化された生」から自由なところで行われるわけではない。社会学者の真木悠介によれば、暦と時計による生活の時間的編成は前近代・非近代社会においてもなされ、その源流は古代にまでさかのぼることができる。近代社会の特質は、産業や経済の部門において活動が分単位まで細かく編成されること、ならびに、生活全体が時計化されることとである。これは工場と官庁、学校、放送という社会制度や組織を通して達成された。(10) 時間の時計化や物象化は、生のスケジュール化を導き、「今、ここ」をそれ自体として味わう感覚を希薄にする。経営層であろうと労働者であろうと、基本的に現代人は物神化された時間にかしづく奴隷であることを免れえない(真木 2003: 286-288)。

ただ、ライフハック的な時間管理術の特徴の一つは、それが働く人々の間で生み出され拡散している点である。従来F・テイラーの科学的管理法、E・メイヨーのホーソン実験、フォード・システムやトヨタのジャスト・イン・タイム方式等々、作業工程や労働からいかに無駄を省き、効率性を向上させるのかについての研究や方法論は数多くなされてきたが、これらは経営層や使用者側の視点に立つものであった。一方、ライフハックは、現場のシステムエンジニアの間で生み出され、業種や企業にかかわりなく広まっている。それを生み出し、実践している人々には中間層からエリート層、場合によっては経営層までが含まれているが、ライフハックという知の交換はフラットで水平な地点で行われている。

科学的管理法や人間関係学派、フォード・システムの時代にも、労働者の間で効率よく仕事をするコツや時間を節約する技法は共有されていたかもしれないが、それが一つのまとまりを持って自発的に発信されたり、業種や企業の壁、もしくは国境を越えて広まることはなかっただろう。日本型雇用慣行のもと、就職ではなく「就社」し、スペシャリストではなくジェネラリストが求められた時代には、そもそも社外の人と共有することが必要になるような仕事術も少なかった。上から押し付けられた時間管理や、何らかの社訓や経営哲学に沿って一致団結して仕事に勤しむのではなく、ライフハックという知を介して企業の枠を超えた横のつながりが自然に発生し、それが職業人としての自己の存在を確かめる場、その存在を相互に承認しあう場となっている。

すなわち、そこで交換されているのは、単に時間を管理するためのスキルや仕事術ばかりではない。困りごとや時間に追われる感覚の共有と、その対処法の共有を通じたそこはかとない共感やゆるい連帯の感覚、それに依拠しつつ自分の仕事やライフコースをハンドリングすること。ライフハックや時間管理術は、個人化された時間を生きる個々人に、ゆるやかな共在の感覚をもたらしている。

時は金なり、感情も金なり

ベンジャミン・フランクリンの「時は金なり（time is money）」は、資本主義のエートスとして知られる。マックス・ウェーバーは『プロテスタンティズムの倫理と資本主義の精神』において、「吝嗇《りんしょく》の哲学」としてフランクリンに言及している。それは、時間とお金を無駄にせず、勤勉に働き、信用できる人物として資本を増加させることを自己目的と考え義務とみなす思想だが、そこでは貨幣の獲得とは、天職（ベルーフ）という神から与えられた使命としての職業における有能さを示す（Weber 1920=1989: 38-48）。

しかし、社会史家の西本によれば、この格言は元来、単に時間と金銭を等価とする思想であり、労働それ自体を美徳とするものではなかった。労働時間を通じて賃金を得ることができ、そのお金を銀行に寝かせておけば利子を生み、お金はひとりでに増えていく。賃金と利子、この二つの意味で「時は金なり」というのがフランクリン本来の意味である。それゆえ、フランクリンは一日に六時間だけ働くことを奨励した。それは生活に必要な物資を得るために働くという働き方であり、できる限り多くの収入を得ることや、心身の限界まで働くことを目的とするものではなかった。だが、フランクリンのこのような思想は、明治期の日本では勤勉さを奨励するものと解釈され、時はお金のように大切だから寸刻を惜しんで学び、倹約して懸命に働けば、優れた人物になるという意味を持つ道徳的格言として広まっていった（西本 2006: 174-189）。

ライフハックや時間管理術の実践をみれば、勤勉であることは基本的前提として、時間を効率良く使うこと、段取りよく仕事をこなすこと、感情のコントロールができること、自分の機嫌は自分で取れること、仲間とうまくやること、それらによって自分を成長させること、充実感や達成感を感じることまでが、時間管理の範囲に含まれている。フランクリンに倣って言うならば、時は金なり、感情も金なり、といったところだろうか。彼らは、時間管理を通して、感情管理もしている。そしてそれは、現代を生きるビジネスパーソンとしての文化的振る舞いの一つのパターンである。

N氏は、「自分探し」ではなく「自分創り」に役立つことがライフハックの魅力の一つであると語った。同様に、O氏はGTDについて「自分を成長させる起爆剤」であり、人生の質や自分を高めることにつながるものだと話してくれた。彼らは一九八〇年代の「自分探しブーム」のように、あるのか無いのか分からないような「自分」を探して旅に出たり、大衆化された心理テストにはまったりするのではない。もしくは、高級ブランドの衣服に身を包み、記号による消費を謳歌するのでもない（香山 1999; 上野 1992）。むしろ地に足がついており、今いる場所で職業人としての自己を鍛錬し、公私をともに充実させるためのツール、それがライフハックだと彼らは位置づけている。効率良く、気分良く仕事をしながらプライベートも充実させること。それができれば幸せであり、人としての成長でもあるという考え方には、漠然とした自分探しへの志向は確認されない。

現代の「時は金なり」は、セラピー的な言説と親和性が高い。自己への気づき、モチベーション、自己効力感、自己の成長、イライラや焦りの軽減、ストレス・コントロールなど、時間管理の効能を示す用語はセラピーに由来するものが散見される。寸暇を惜しんで勉学に打ち込み懸命に働くことで立身出世へと向かう「時は金なり」の時代には、感情は残余カテゴリーとみなされていた。生々しい感情は非合理なものとして退けられ、それに囚われていては蛍雪の功は成らないとみなされていた。一方で、現在の「時は金なり」を見ると、自分が何を感じているのかを自覚し、それにうまく対処し、活用していくことで仕事の成果に結び付けようとする。時間を無駄にせず、感情もむやみに乱さず、勤勉に働き、信用できる人物として自己を呈示し、他者と協働することが一つの労働のエートスとなっているのではないか。職務上のパフォーマンスを向上させ、利益を生み出すには、感情の活用とマネジメント、他者とのコミュニケーションが重要だとする文化の中で、適切にマネジメントされた感情はお金を生みだす資本となる。

7　むすびに代えて

ライフハックや時間管理術は仕事の効率を上げるための技法ではあるが、その勉強会の様子や文房具への愛着などには「遊び」の要素も色濃く滲《にじ》んでいる。彼らの人生にとって仕事は大きな比重を占めており、わざわざ休日に集まって仕事の効率性を向上させる術について楽しみながら勉強会をしている。近年、「ワーク・ライフ・バランス」が提唱されているが、そのようなワークとライフを峻別する議論では「生きがいとしての仕事」「楽しみとしての仕事」について十分に分析することができない。そもそも労働とは何なのか、仕事とは何なのかという点から検討する必要があるだろう（Méda 1995; 武田 2008）。そしてそれと同時に、ライフとは何かについても再考すべきである。

次章では、ライフの中に潜むワークについて分析を進める。

第7章　ワーキング・マザーの「長時間労働」——「ワーク・ライフ・過労死？」

1　はじめに——働く千手観音

二人目の出産にともなう育児休業から復職した直後の研究会の休憩中、あるポスドク女性が筆者に言った。「先生は、研究も大学の仕事も家事も育児もして、千手観音みたいですね」。その時はとっさに、「どちらかというと仁王か般若じゃない？」と返したが、身体から手が何本も出ている観音菩薩のイメージは鮮烈で、世の中のワーキング・マザーの状況を拾い上げる、言いえて妙な表現かもしれないなと後から思ったものである。

働く女性、働きながら家事育児を担う女性が増えている。二〇一八年八月の労働力調査において、女性の就業率（一五〜六四歳）が初めて七〇パーセントを超え、過去最高となった（総務省 2018）。

また、平成九年以降は共働き世帯数がいわゆる専業主婦世帯数（男性雇用者と無業の妻からなる世帯）を上回り、その後右肩上がりに増加し、現在は共働き世帯が全体の六割超を占めている（内閣府男女共同参画局 2017）。

また、国民生活時間調査によれば、家事（炊事・掃除・洗濯、買い物、子どもの世話、家庭雑事を含む）をしている成人女性の行為者率は平日・土日ともに九割である一方、男性のそれは平日四割、土日で五割である。女性が家事をする時間量は、平日・土日ともに四時間を超え、もっとも長いのは三〇代で、日曜には六時間を超えている。対して、成人男性の家事時間量は平日が五四分、土日が約一時間半である。長期的にみれば、女性の家事時間量はゆるやかに減少し、男性のそれは増加しているが、男女の時間量の差は依然として大きい（ＮＨＫ放送文化研究所 2016）。

さらに、法定労働時間の四〇時間を超えて、週に六〇時間以上就業している人の割合を見ると、子育て期の三〇歳代・四〇歳代の男性において高い水準となっており、年次有給休暇の取得率も男性は女性よりも低い（内閣府男女共同参画局 2017）。脳・心臓疾患の労災認定件数の九五・六パーセントは男性であり、女性は四・四パーセントにとどまる。精神障害による労災認定件数では六八・六パーセントが男性のケースで、女性は三一・四パーセントであるが、このうち自殺案件の九五・七パーセントは男性が占める（厚生労働省 2018a）。

このようなデータを見ると、有職女性は増えたものの性別役割分業が解消されたわけではなく、男性が職場での長時間労働に邁進する一方、共働きであっても女性が家事育児を多く負担していることがわかる。仕事と家事育児に追われ、数々の修羅場をくぐり抜ける中で、気づけばその表情が仁王像や般若のお面のようになっている働く母親たち、それに気づき、あわてて菩薩モードに切り替えようとする母親たちは多いだろう。日頃から、菩薩のような慈愛と寛容さでもってわが子を育てよう、仕事や日常生活に起こるさまざまな出来事にいちいち目くじらをたてないでおこうと心掛けていても、職業上の仕事と責任に加え、家に帰れば「セカンド・シフト（第二の勤務）」（Hochschild 1989）が待っている。子どもへの愛情と信頼と責任感は確かにあるが、子育ては決して予定調和には運ばず、むしろ当初の予定を破壊するためにこそやっているようなもの。母親たちの頭に角が生えたり口から牙が生えてきたりしても、それは彼女たちの意思によるものではなく、状況の賜物である。

最近の労働行政をみると、長時間労働を是正することでワーク・ライフ・バランスを改善し、男性の家庭参加を促し、女性や高齢者の労働参加率を高め、過労死問題や少子化問題を解決しようとしている（金子 2018）。しかしながら、職場での長時間労働が是正されたからといって、それがただちにワーク・ライフ・バランスの改善につながるかといえば、残念ながらそうではない。セカンド・シフトを含めた一日の「労働」を見ない限り、「女性の活躍の推進」（厚生労働省職業安定局長 2015）が、いたずらにワーキング・マザーの負担を増やすことにもなりかねない。

本章では、ワーキング・マザーのセカンド・シフトに注目し、彼女たちが職場でのファースト・シフトを終えた後も働き続けていること、翌朝に「残業」をするような「長時間労働」の状況にあることを明らかにする。その際、労働時間数というよりも、どのような時間を過ごしているかという質的な側面について特に着目する。そのうえで、ワークもライフも充実させた結果として浮上するワーキング・マザーの健康問題と、その防止策の方向性について検討したい。

2　ワーキング・マザーの「長時間労働」

筆者の学生時代からの友人で現在はママ友でもあるAさんの日常の一場面を切り取ることから、ワーキング・マザーの「長時間労働」とマルチタスクについて考えよう。Aさんは総合職で責任もやりがいもある仕事についており、小学生と保育園児の二人の子どもがいる。上場企業に勤める夫は、家事も育児も我が事として引き受ける男性であり、出産にも立ち会い、一人めの時も二人めの時も育児休業を取得した。妻の二人めの育児休業が明ける際には、時短勤務まで取得している。日本の男性の育児休業取得率は徐々に増えてきているとはいえ、二〇一七年度の取得率は七・五パーセントであること（厚生労働省 2018b）、時短勤務はそれ以上に低率であることを鑑みると稀有な存在であると言ってよい(1)。

Aさんの家庭では、おおよその役割分担はあるものの、家事も育児もその時できる方がすることにしている。たとえばAさんが保育園のお迎え当番の日のセカンド・シフトの状況を再現すると、次のようになる。お迎えの時間は動かせないデッドラインゆえ、その日も一日集中して仕事をして終業時間を迎えたが、やり残した仕事が気になりつつ、下の子を保育園でピックアップ。帰宅すると、そろそろ上の子も習い事から帰ってくる時間。上の子は学童には通っていないから、下校時刻から習い事までの時間は近くに住む母にみてもらっている。「孫育て」が負担になってはいけないため、母にはAさんも夫も不在になる日の放課後の空白の数時間に限定して来てもらうことにしている。夫婦ともに忙しいのを見かねた母が厚意で夕食の一品を持ってきてくれることもあるが、基本的に家事育児は夫婦で協力してこなすことに決めている。

Aさんが適当に子どもたちの相手をしながら夕食を作っていると、恒例の兄弟喧嘩のゴングが鳴る。「あぁ、またか」と嘆息しつつ、火加減も気になりながら双方の言い分を聞いてなだめていると、案の定鍋が吹きこぼれ、あわててキッチンに戻って後始末。さて、食事となったはいいけれど、学校や保育園で今日あったことを聞いて楽しく過ごしているうちに、「そういえば、ノートがなくなった。明日までの宿題ができない」と言いだす小学生。事前に言ってくれたなら、帰りにいくらでも立ち寄れるお店はあったのに。この時間からだと開いている店が限られるうえ、その店に指定のノートがあるか定かでない。でも、行くしかないのだ、下の子を連れて。下の子はまだ小さくて留守番はさせられない。とはいえ、連れて行くと、「おやつを買ってほしい」などと言いだすことが予想され、一日の仕事と夕食づくりとそれを食べるところまでを終えた身には、保育園児が駄々をこねるのをやり過ごすための体力と気力が残っていない。それに、今から出かけると入浴時間も就寝時間も後ろ倒しになる。やはり、夫に帰り道に買ってきてもらうことにしよう。彼の帰りが少し遅くなりそうなら、子どもには宿題を後回しにして、先にお風呂に入るように言おう。

夫に連絡をし、子どもたちの明日の予定を考えながらキッチンに戻ってヤカンを確認すると、今朝沸かしたはずの麦茶は真水だった。注ぎ口から出てくる透明な液体を見て一瞬固まりながら、そういえば、今朝夫がお茶を沸かそうとしている時に、トイレット・トレーニング中の下の子が手洗いから彼を呼び、彼はその対応に追われていたことを思い出す。そうか、だから夫はティーバッグを入れないまま、入れたつもりで沸騰だけさせてしまったのだろう。気持ちはわかる。わかるし、仕方ない。だが、明日は子どもたち二人ともに必ず水筒を持たせねばならない日。冷蔵庫に冷えた麦茶は、残り少ない。軽い苛立ちと落胆を覚えつつ、麦茶を沸かしなおす。今から沸かしても明朝までに冷えないかもしれないから、念のため、冷たいお茶のペットボトルも買ってきてもらおう。再び夫に連絡する。

帰宅した夫と子どもたちが入浴している間に、Aさんは食器洗浄機をセットし、洗濯物を仕分け、保育園の行事予定表を確認し、明日の登園準備をする。夕食までの時間に子どもたちが引っ張り出してきたおもちゃを軽く片付け、ホッとしようかと思ったその時、入浴を済ませた子どもたちが出てきたので、体にローションを塗ったり髪を乾かしたりする作業に移る。その作業だが、下の子が「これじゃない、あっちがいい」と言って、Aさんがあらかじめ用意したパジャマを着るのを拒み、仕方がないので希望のパジャマを取りに行っている隙に、今しがた片付けたばかりのおもちゃをまた引っ張り出そうとするのを諌めたり制止したりしながら進めなくてはならない。そして、そうやって着せたパジャマも、就寝前の歯磨きで前面が濡れてしまい、結局もとのパジャマを着せるほかなくなり、そのことが気に入らない小さな人は大泣きする。「泣きたいのは母です」と思っていると、夫がうまい具合に気をそらせて機嫌を直してくれた。

平日、Aさんは持ち帰った仕事の資料とスキルアップのための専門書が気になり、それらに目を通したい思いを抱えつつ、家族との夜を過ごす。結局、その夜読んだのは上の子の宿題にかかわる参考書や保護者向けの解説書と、下の子が読んでとせがんだ数冊の絵本であった。セカンド・シフトに疲れて能率が上がらないため、Aさんは目覚ましを明朝四時にセットして眠りについた。明け方、家族が起きてくるまでの二、三時間が、彼女の「残業」タイムである。全自動洗濯機とお掃除ロボットのスイッチを入れ、目覚めのコーヒーを淹れて、昨晩持ち帰った仕事をする。この「残業」はタイムカードには表示されず、超過勤務手当がつくこともない。そのため、労働に関する各種調査や統計にもなかなか表れてこない。

3　時間管理と感情管理――回し続けるジャグリング

簡単な家事が、難しい

Aさんの日常の一コマ、些細な事柄をこんな風に書き連ねる必要があるのかと思う向きもあるかもしれない。だが、家事や育児、日々の生活は、些細な事柄の積み重ねで成り立っている。それらを瑣末な問題だと片付けることはできない。むしろ、それらを低く見積もったりなかったことにできるメンタリティや立場性こそが問われねばならないだろう。

上記のように、ワーキング・マザー（と、家事育児を「お手伝い」感覚ではなく自分の仕事として引き受けている父親）は、自らの職業上の仕事、ファースト・シフトが終わった後に、家庭でこまごまとした仕事を同時並行で多数こなしている。段取りはあってないようなもの、予定通りにいかないことを織り込み済みで一応の予定を立て、親たちは臨機応変のリスケジュールを繰り返している。小さな選択と決断、巻き戻しと再試行の連続であるが、頭も手もフル回転にして生活を回すその様は、千手観音がすべての手を使ってジャグリングを回し続けるイメージに近い。自分の目が回らないようにするだけでも力がいる。

働く母親たちはジャグリングを回し続けられるように細心の注意を払っているが、子どもたちは天真爛漫に、たやすくそれを落としに来る。料理や入浴など、一つ一つの家事や育児だけを取り出せば、さほど労力を必要とするものではない。だが、簡単な料理を作るにも、その都度、作業の中断が入る。そして、その中断は母親たちの意志によるものではなく、多くは子どもの気分や都合による。一人ですればすぐに終わるはずの家事や何ということのない雑事も、完遂するためのハードルが非常に高い難題となってしまう。

また、沸いていない麦茶の例でもみたように、作業を中断したことでうっかりミスや失敗につながり、それが玉突き事故を生じさせ、後々のスケジュールにも影響を及ぼす。その影響を最小限に抑えるために、さらに頭と手を使わなくてはならない。作業の中断や、何一つ自分のペースでできないこと、それがファースト・シフトのあとに数時間、連日続くという事実は、地味だが確実に、母親たち（と家事育児を自分の仕事として担う夫）を疲れさせる。

二〇一八年にプロクター・アンド・ギャンブル・ジャパン株式会社と生活雑誌『サンキュ！』が共同で行った調査によると、ワーキング・マザーがもっとも欲しい時間はどんな時間かという問いに対して、「自由な（追われることのない）時間」という回答が第一位であった。(2) 「自由な（追われることのない）時間」とは、どのような時間だろうか。たとえば、カフェでゆっくりくつろぐ時間だろうか。否、それは三位の「心をリセットする時間」である。もちろん、カフェでのんびりする時間は誰もが求めているが、ワーキング・マザーが欲している「自由な時間」とは、もっとささやかで切実なもの、すなわち、一つの家事を、それにかかわる一連の動作を、誰かに・何かに追われたり阻害されたりすることなく、自分の思う通りに最後までやり通せる時間、である。簡単な家事を簡単に終わらせることができれば、どれほど楽なことだろう。「ほんの数分でもいいから一人になりたい」という母親たちは、子どもへの愛情が薄くて子どもから離れたいと思っているのではない。むしろ、小さな人たちの命と生活に対する愛情と責任感ゆえに、片時も目も手も離せず、常に気を張っている。だからこそ、ほんのひととき、その重圧から解放され、自分のペースで家事や身の回りのこと（といっても、洗顔、入浴、手洗いなどの本当に最低限の基本的な事柄）をしたいと願うのである。

異なる「川の時間」が交錯する

Aさんの場合、Aさん自身の職業人としてのスケジュール管理と一人の女性としてのそれら、そして、小学生の子のスケジュール管理、保育園の子のスケジュール管理、家庭全体のスケジュール管理を同時並行でこなしている。それぞれの時間が滞りなく流れるように、それぞれの場所での生活――学校生活、保育園生活――に問題が生じないように、時間と生活をマネジメントしなければならない。子どもたちのライフステージが異なり、行事予定や習い事のスケジュールもさまざまであるため、バッティングしないように調整し、そのうえで自分の仕事のスケジュールも調整する。そういえばここ数年、記入欄が色分けされ、家族の予定も自分の予定も一緒に書き込める手帳が、ママ界隈で売れている。

社会学者の伊藤美登里によれば、「第二の近代」では、時間も「個人化」し、人生航路の舵取りも自身で引き受けるようになっている（伊藤 2008）。だが、子どもが時計を読めるようになるのは

四、五歳頃、時間割を自分で合わせられる習慣が身につくのは小学校低学年の頃である。子どもが自分で時間の舵取りができるようになるまでの間は、彼らの予定を把握し采配を振ることも親の仕事の一つである。

だが、そうやって立てたスケジュールも、子どもの発熱や体調不良で飛んでしまうことがしばしば起こる。さらに、週単位や月単位の予定ではなく、夕方から夜にかけてというごく短い時間であっても、予定は当初の思惑通りに進まない。それは既述の通りである。子どもたちは、親の思い通りに動くわけではまったくない。

哲学者の内山節によれば、子どもたちは学校教育の中で、時計に支配された直線的で客観的な時間の流れに自らを適応させる訓練を受け、やがては賃労働の世界へ参入していくが、それまでは村落共同体の「川の時間」を生きている。かつて、日本の農村を流れていた川はゆるやかに蛇行していた。時に激しく、時に水面に波紋を広げながら静かに、不均等に流れゆく川の時間。それは田植え期と収穫期という凝縮された時間と、そのはざまにあらわれる、ただ漂うような時間というように、季節の中でゆらめく村人の時間を象徴していた。子どももまた、このような川の時間を生きている。一瞬に感じられるほど煌いた時間を過ごしたかと思うと、惚けた時間を長々と過ごすこともあり、その流れは等速ではない。時に小川が草原や林に流れこむように、子どもたちの時間には寄り道が許されている。時計に象徴される一律に管理された客観的で規則正しい時間とは異なり、子どもたちが生きるのは関係としての時間であり、それはその場所・そこに居合わせた人々との関係性の中で流れるものである（内山 2011）。

一方、ワーキング・マザーは、すでに都市化された川の時間を生きている。居室にも腕にも時計をつけ、日中は業務上の締め切りや納期と保育園のお迎え時間という二重のデッドラインをにらみながら仕事をこなし、帰宅後は就寝時間から逆算して夕方から夜のスケジュールを組む。そんな母親たちが身を任せているのは、コンクリートによって直線に整えられた川、等速でまっすぐに流れるように管理された川の時間である。その流れは速く、うっかりしているとその勢いに飲み込まれてしまう。

セカンド・シフトは、蛇行を繰り返す川の時間を生きる子どもたちと、都市化された川の時間を生きる親とが向き合う場であり、質の異なる時間が交錯する地点である。ワーキング・マザーたちは、自分の川が高速で規則正しく流れる轟音を聞きながら、そんなことはおかまいなしと言わんばかりに「いま・ここ」の一瞬一瞬を味わい、ゆったりと流れにたゆたう小さな人たちと平日の夜を過ごす。そのことは、押し流されないように踏ん張っている母親たちにゆとりや余裕を思い出させ、癒しや自らの生き方を振り返る材料となる一方、時に焦りや苛立ち、不安を生じさせ、子どもたちを急き立てることへもつながる。子どもたちからすれば、それは大人の勝手な都合や理不尽に映るかもしれない。時計化されていない時間を生きる小さな人たちにとって、「時短」や効率性は意味をなさないためである。

セカンド・シフトの感情労働

セカンド・シフトについて厳密なスケジュール管理を企てても、それはほぼ水泡に帰するが、そこには働く母親たちの嘆息や苛立ち、徒労感、諦め、泣きたい気分や投げ出したくなる気持ちなどがついて回る。

育児しながらの家事・家事しながらの育児では、親の情動を刺激する出来事に事欠かない。我が子の愛らしさ、かわいらしさに胸がいっぱいになったり、見ているだけでも幸せだと感じるような時もあれば、イライラや追い立てられている感覚を覚えたり、身体的・精神的に疲労を感じたり、自分の仕事やキャリアに対する焦燥感や執着もある。マルチタスクをこなす日々の中で、感情も正から負、負から正へと忙しく行き来する。親はできるだけ平静を保つために、「子どものすることだから」「まだ小さいから仕方ない」などと自分に言い聞かせるが、それは難しい「感情作業」である。ワーキング・マザーたちは、たいていのことをスルーする力や何があっても動じない「鈍感力」を身につけているが、彼女たちは元来鈍感だったわけではない。感情作業を経て提供される子どもへの菩薩モードは、高度で繊細な「感情管理」の成果である。

子どもたちの時間が滞りなく流れ、生活が回るようにするためには、ワーキング・マザーは子どもたちの世界の住人との関係も良好に維持する必要がある。友達や学校の先生、保護者会、習い事の先生や友達など、子どもの数だけメンテナンスすべき関係性も増え、それぞれに儀礼的行為や感情管理が必要になる。

たとえば、連絡帳に書いてある宿題や持ち物の内容に不明な点があるが、わざわざ学校に電話するほどでもないような場合、気軽に尋ねられるママ友の存在はありがたい。いざという時に「気軽に尋ねられる間柄」であるために、普段から交流して気を配り合っている。付かず離れずの距離でママ友ネットワークを維持することは、子どもたちの生活をうまく回すためのリスク管理である。深入りするとややこしく、疎遠すぎると「気軽に尋ねられる関係性」ではいられない。その微妙な距離感を維持しながら付き合いを続けていくために、母親たちは「感情管理」というコストを支払っている。

そして、子どもの生活をうまく回すためのみならず、子どもの学校生活や保育園生活について母親自身に何か心配事や気がかりなことがある場合、話を聞いて相談に乗ってくれるママ友の存在は母親自身のメンタルヘルスにも一役買っている。

このように、育児しながらの家事・家事しながらの育児は、高度な感情労働である。それは相当の労力と気働き、時間管理と感情管理を必要とするにもかかわらず、無報酬で行われる。第1章で述べたとおりホックシールドは、感情管理が商業的に利用される際、それを「感情労働」とし、フライト・アテンダントに関するフィールドワークを通して、対人サービス業従事者の「表層演技」や「深層演技」についてつぶさに明らかにした。彼女の研究の後には看護職や対人援助職による労働やケアを分析する数多くの研究が続いている。ただし、賃金の支払われない家事育児も、れっきとした感情労働だという視点は忘れないでおきたい。

「時間の板挟み」と「長時間労働」

ホックシールドは、職場での勤務を「ファースト・シフト」、それを終えた家庭での家事育児を「セカンド・シフト」として、アメリカ共働き世帯の実情に迫った。女性運動が盛んだった一九七〇年代後半にカリフォルニア州にて五〇組の夫婦にインタビューを行い、一二世帯の家庭の観察を行った結果から、家事育児の遂行が女性に偏り、職場と家庭の二つの領域での負担が過重になること、それによって夫婦間に緊張が生じ、高い離婚率や少子化へとつながることを指摘している。

また、一九九〇年代の終わりには、アメリカのあるトップ企業でのフィールドワークとインタビュー調査を通して、多くの働く親たちが仕事と家庭の「タイム・バインド（時間の板挟み）」状態にあることを浮き彫りにした。男女ともにファースト・シフトが長時間化する中で、セカンド・シフトにかかる時間は慌ただしく、圧縮されたものになる。効率性への志向が職場のみならず家庭の領域でも根付き、時間は「節約すべきもの」になった。セカンド・シフトにおいて、親は急いで保育園から帰宅し、急いで夕食を済ませ、急いで子どもたちを入浴させ、急いで就寝前の読み聞かせをする。

その結果、子どもたちの不満やぐずりや甘えや抵抗に辛抱強く対処したり、休日に埋め合わせの時間を作るといった「サード・シフト」(Hochschild 1997=2012: 324-330) が生じてくる。親は効率性を家庭に持ち込んだことに対する子どもたちの感情的帰結を受け止め、その代償に時間を割くことになるが、それもまた難しい感情労働となる。

第三次産業従事者が多くを占める現在、どのような業種や職種であっても、業務は多かれ少なかれ感情労働の様相を呈する（Hochschild 1983: 11=2000: 12）。コミュニケーション能力が喧伝される現在、その傾向は強まっているといってよいだろう。ワーキング・マザーは、ファースト・シフトで職業上の業務遂行と感情労働、帰宅後のセカンド・シフトでの家事育児と感情労働をこなし、さらに翌朝に「残業」までしている。この残業は「朝活」と称されることもあるが、Aさんがしていることはそんなにキラキラしたものではなく、文字通り前日にやり残した仕事である。これはかなりの「長時間労働」である。

試みにAさんの一日の総「労働時間」をざっと算定すると、午前九時から一八時までの第一の勤務、そこから第二の勤務を経て子どもたちを寝かしつける二二〜二三時ごろまで、そして翌朝の四〜六時半頃までを「残業時間」とすると、計一四〜一六時間ほどになり、過労死の労災認定基準である「一日四時間の超過勤務・一二時間労働」（厚生労働省ほか 2018）をゆうに超えている。睡眠不足により健康を害するリスクも高まるが、Aさんの睡眠時間は平均して四〜五時間だという。Aさんは、最近どことなく体調がすぐれない日が多く、慢性的な頭痛や婦人科系の不調に悩むようになっている。

4　むすびに代えて――「ワーク・ライフ・過労死」を避けるために

職場でリラックス

「長時間労働」のためか、ここのところ体調不良を訴えるAさんだが、仕事にやりがいを感じているため、辞職という選択肢はなく、むしろもっと思いきり働きたいとさえ思っている。かといって、家事育児をないがしろにしたいわけでもなく、子どもたちのことは何よりも大切に思っており、家の中を整えることにも楽しさを覚えている。どちらか一方を選ぶことなどできず、そのつもりもない。それは贅沢なことだろうか。

社会学者の三具淳子によれば、初職（正規雇用）を継続し、結婚して、かつ子どもを二人持つ（人口置換水準二・〇七をほぼ満たす）女性の割合は一〇〇人に一人だという（三具 2015: 52-53）。確かに、二回の育児休業を挟んで初職を継続し、家事育児を我が事として引き受ける配偶者やサポートしてくれる実母、ママ友もいるAさんの境遇は恵まれているように思われる。だが、そのような女性であっても、体調を崩すほどにワークとライフの負担は重い。条件が整わないワーキング・マザーの身体的・精神的負担はそれ以上かもしれず、全体的な底上げが必要である。

育児しながらの家事・家事しながらの育児が有する困難さは、職場での労働時間が短縮されれば解消される類のものではない。簡単な家事が簡単に済まないこと、リスケジュールに次ぐリスケジュール、自身とは異なる時間を生きる小さな人に寄り添うこと、我が子への感情管理ならびに子どもの世界の住人たちに向けた感情管理が欠かせないことなどは、ファースト・シフトの労働時間量との兼ね合いによって緩和されるものではなく、セカンド・シフトそのものに根差す質的な問題である。

ともすれば、ファースト・シフトの長時間労働よりも、セカンド・シフトのほうに負担を覚えるということもある。Aさんは、「会社で仕事をしているほうがラク。大人しかいない環境で、とにかく仕事だけすれば良いのだから」と話す。ホックシールドも、詳細なフィールドワークとインタビュー調査の中で、職場が家庭からの逃げ場、時に休息の場だとこっそり教えてくれた母親たちの声を拾っている。家では子どもの要求に従って動くことしかできないが、仕事では自分が思ったことができる。勤務時間内は、子どもと離れ、子どもの心配をしなくてよい「リラックスできる時間」である（Hochschild 1997: 186=2012: 288）。

職場で一息つくワーキング・マザーたち。(3) 職場では上司や同僚によって自分が評価されていて有能だと感じられる機会が多くある一方、家庭では、家事育児はして当たり前のこととみなされ、評価がされにくく、感情的なサポートも得られにくい（Hochschild 1997: 200=2012: 305）。そうした点もまた、「リラックスしに仕事に来ている」との言につながるのだろう。

もちろん、職場にも人間関係のコンフリクトや劣悪な労働環境があり、ハラスメントや長時間労働の果てに亡くなっていく人が後を絶たないことは周知の通りである。だが、ワーキング・マザーにとって職場は、家庭や家事育児から離れ、子どもの要求や泣き声に邪魔されずにある程度自分のペースで仕事を遂行できる場であり、個としての自分を取り戻せる場であることも事実である。

ワーキング・マザーの過労問題が顕在化する前に

Aさんに限らず、ワークもライフもどちらも充実させたい、そのための努力も惜しまないワーキング・マザーは多いが、彼女たちの体調が心配である。今後一〇年ほどの間に、ワーキング・マザーの「過労死」が顕在化するのではないかと考える。

それを防ぐためには、職場での長時間労働さえ解消すれば自動的にワーク・ライフ・バランスが整うはずだという希望的観測を捨て、まずはワーキング・マザーが担っているセカンド・シフトやサード・シフト、すなわち生活空間における家事労働や育児とそれに関わる感情労働を甘く見積もることなく正当に評価していくこと、そして、深夜や翌朝の「残業」の暗数を可視化することが必要である。

かつて、I・イリイチは、家事や買い物などの「支払われない労働」を「シャドウ・ワーク」という形で可視化した。シャドウ・ワークは、それ自体は支払われる労働ではなく、賃労働が可能になるように支え、補完するものである（Illich 1981=2006: 207-208）。ワーキング・マザーはもちろん、イリイチ本来の意味での「シャドウ・ワーク」をこなしているが、セカンド・シフトの時間帯のうち、深夜や早朝に職業上の「残業」もしている。いわば、イリイチ本来の意味でのシャドウ・ワークの中に、職務上の「残業」が文字通り「シャドウ・ワーク」として組み込まれている。この「残業」は、家庭内で行われ、無報酬で、統計にも表れず、外からは見えにくいかたちで潜んでいる、職業上の仕事である。このような「シャドウ・残業」の存在にも目をくばり、職場と家庭での過重な負担を回避する方途を探るべきである。

従来、過労死問題は、職場における長時間労働を主たるテーマにしてきた。職場における長時間労働やハラスメントによる心身の健康被害を問題化し、労働条件や労働環境の改善を訴えている。過労死は一九七〇年代の終わり頃から社会問題として浮上してくるが、その多くは一家の大黒柱としての男性の死にまつわるものである。二〇〇〇年代の後半から、大手居酒屋チェーン店や広告代理店、報道記者など、比較的若い世代の女性の過労死・過労自殺が生じてくるが、彼女たちは独身であり、ケースの形式としては男性のそれらと大きな違いはない。ファースト・シフトでの長時間労働の是正やハラスメント予防が喫緊の課題であることは誰しも頷くところであるが、Aさんの体調を見る限り、「過労」死は職場での長時間労働のみによって惹起されるものではないように思われる。仕事と家事と子育ての三つが掛け合わさった時、その負担は一つ一つを遂行する時の何倍にも膨れあがる。ワーク・ライフ・バランスや「女性活躍」を掲げるのであれば、家に帰った時にくつろげる時間と空間を、誰がいつどのようにして整えるのかについて議論を深める必要があるだろう。当然のことながら、「ライフ」は余暇だけを意味するのではないためである。

そして、仮に労働時間が短縮されたところで、浮いた時間を男性がどこまで、どの程度の技量で、どのように生活空間における次世代の再生産に係る数々の業務に充当するつもりでいるのかが問われねばならない。同時に、男性がセカンド・シフトに本格的に参入するのを阻む社会的要因が何なのかについても検討することも必要である。長時間労働だけでなく、たとえばママ友ネットワークに父親は入りづらいといった要因も考えられる。

また、ワーキング・マザーの「働きすぎ」の文化的側面に関する分析も求められる。いわゆるオーソドックスな過労死は、事業主によって働かされすぎる問題でもあるが、労働者本人が働きすぎてしまう問題でもあり、労働倫理や勤労の道徳の観点からも更なる考察を深めるべき社会現象である。同様に、ワーキング・マザーの「働きすぎ」については、「ていねいなくらし」や「女子力」が称揚される文化という観点からの社会学的アプローチが可能である。便利家電は次々に開発されているが、家事や育児にかける時間はさほど減少していない（NHK放送文化研究所 2016）。

社会学者の米澤泉によれば、二〇一〇年代に入って「くらし」の時代がやってきた。慌ただしく日常を送るのではなく、吟味し、厳選された生活雑貨に囲まれて、日々の生活を味わうように丁寧に暮らすこと、それがスタイルのある生活として脚光を浴びている。人々が服飾にお金をかけなくなった現在、「ていねいなくらし」こそがファッションである（米澤 2018）。家の中をきれいに整えることは、こだわればどこまでもこだわることができ、際限がない。育児もまた、そうである。

第一・第二のシフトで疲れていても、日々を味わい、丁寧に暮らすこと、少なくとも外からそのように見えること、そして、常に身ぎれいにしておくことがワーキング・マザーの「女子力」の見せ所となる。ワーキング・マザーは、「仕事のできる女性」としての顔と「感じのいいママ」としての顔を使い分け、その都度演出している。たとえば保育園や小学校の授業参観に仕事モードのスーツで行ったり、保護者のライングループで固すぎる敬語を使うと、浮いてしまう。そのため、服装や言葉使いの微妙なさじ加減に気を使い、そのことでまた疲れるのだが、それが自分だけの問題ではなく子どもたちの生活の快適さにも関わってくる問題であるだけに、そこから降りることは難しい。

仕事も生活もバランスよくと言うのは易しいが、それを実現するにはいくつものハードルがある。ワーキング・マザーの「長時間労働」と心身の健康問題は、文化や社会、法、政策、すべての面から考えるべきテーマである。ワークもライフも充実させた結果、疲弊して心身の健康を害することのないような生き方と働き方について模索する時期に来ている。

あとがき

本書は、現代社会における働くことと感情について社会学の観点から考えてきた。職場でコミュニカティブであること、メンタル不調についてリスク管理すること、自殺を「うつ病」の症状と捉え、それを予防し、社会保障による救済対象とすること、「パワーハラスメント」の見えにくさ、時間を管理することを通して感情も管理し、他者との交流の中で自分らしく働こうとすること、職場での勤務の後の家庭での「シャドウ・ワーク」に潜む「シャドウ・残業」、これら多岐にわたる現象についてフィールドワークで知りえた内容にもとづき、感情管理や感情資本という視角から考察してきた。

読者のみなさんは日頃、職場でのコミュニケーションや人間関係にストレスを感じ、それをうまくコントロールしたいとか癒されたい、状況を改善したいと思う一方で、定期健診でのストレス・チェックはなんだか面倒だなと思っているかもしれない。あるいは、自分の職場環境や家庭での忙しさについて疑問を持っていても、うつ病や自殺についてどこか他人事だと思っているかもしれない。しかし、それらは一本の線でつながっている。効率性や合理性を追求するかと思われる職場で他者の感情や状況に配慮し、共感的でありつつも巻き込まれないこと、一方で、愛情や休息の場であるかと思われる家庭で「時短」を常に意識し、効率的で無駄なく家事育児をこなすこと。経済生活の感情化と感情生活の経済化とイルーズが言う現象は、私たちの日常のそこかしこに認められる。今後は、感情資本に関する学説理論面での詳細な検討を行いながら、引き続き、働くこと（職場と家庭の別を問わず）と感情について考察を深めたいと考えている。

本書の刊行に至るまでに、多くの方々にお世話になった。まずは、インタビューに応じてくださったインフォーマントのみなさん。メンタルヘルスケアの専門家、自殺の遺族、ライフハッカー、ワーキング・マザー、それぞれの立場から、海の物とも山の物ともつかない筆者からの問いかけに真摯に応じてくださったことには感謝するばかりである。

特に、遺族の方が肉親の自殺とそれに関する労災申請や訴訟の顛末という語りにくい事柄について詳らかに話してくださったことは、貴重な経験として残る。インタビューの後は、しばらく動けないほどの重さを感じた。トラウマティックな出来事は、その話を聴くだけでもトラウマを残すのだということを身をもって実感した気がする。そして、そのような重さをともなうインタビュー内容——遺族の経験と、その悲しみや困難さ——を、社会学の観点からまとめることについて躊躇や迷いを払拭できなかった。

というのも、本書はハラスメントや自殺について論じているが、とりたてて訴訟や労働運動への積極的な参加を促すものではない。うつ病やメンタルヘルスについて論じているが、そのよりよい治療法や予防策について考察しているわけでもない。ライフハックやワーク・ライフ・バランスを取り上げているが、新たなハックや時間管理術を考案するわけでもない。そのようなわかりやすい効用を持つわけではない研究が、自殺労働者やその遺族にとって何の役に立つのだろうかという問いに、なかなか答えが出せなかったからである。一方で、研究者としては感情管理論や感情資本論の文脈に自殺というテーマがうまく乗らないような気がしていた。

だけれども、訴訟や治療や自己啓発とは異なる文脈で現代社会と感情という観点からハラスメントや自殺について考える研究があってもいいのかもしれないとも思うようになった。なぜなら、自殺した労働者は、生前、何か特殊な人だったわけではないからである。日々忙しく働き、時間管理に右往左往し、上司や同僚や顧客との関係に振り回されつつ、自らの感情管理をそつなくこなしていた、そういう「普通」の、ごくありふれた、いい意味で当たり前の存在だったのではないかと思う。ハラスメントや自殺は、何か「特殊で暗い社会問題」や「特定の人々の問題」ではなく、「普通に」働く人々が「普通に」働く中で生じるできごとであり、私たちの日常と地続きであるはずだ。そのような日常のできごととしてハラスメントや自殺を捉える視点を提示し、コミュニカティブであることを求められる日々の「ありふれたしんどさ」と架橋することが本書の意図の一つである。

そしてそれにより、読者のみなさんが現代社会における働くことと感情について考える際の一助となれば幸いである。

本書は、この一〇年ほどの間に社会学の学会誌に掲載された学術論文や『現代思想』に掲載された論考を整理し、大幅な加筆修正をして一冊の本として刊行するものである。執筆時期も執筆時のテンションもバラバラなものを一つのテーマのもとにリライトする作業は容易ではなかったが、それにより自分の取り組んできた研究に一本の筋が通ったような気がしている。

もう一〇年以上前になるが、『現代思想』の前編集長で現在は講談社の栗原一樹さんが日本社会学会で研究報告をした筆者に話しかけてくださったのが縁で、『現代思想』にいくつか拙稿を掲載していただいた。そして、それらの論考と学会誌に掲載された論文をまとめて本にしないかと提案してくださったのは、書籍編集部の加藤峻さんである。依頼をいただいた当時、筆者は育児休業からの復職前後で公私ともに慌ただしい日々を送っていた。執筆はなかなか進まず、この一年半ほどの間、加藤さんには本来不要な感情労働を強いてしまったに違いない。反省している。原稿を書き進めるたびに返してくださるコメントがいつも的確で気づかされることが多く、贅沢な経験をさせていただいたように思う。お二人の編集者に記して感謝申し上げる。

最後に、いつも筆者に力をくれる夫と二人の子どもたち、ならびに本書を生み出すことを可能にしたすべての巡り合わせに感謝する。リビングで執筆していると、寄ってきては膝に乗り、おもむろにキーボードを触っては作業を中断させようとする次男との攻防の果てに本書は書かれた。子どもたちの生きる社会が、良いものでありますように。すべての働く人々が尊厳のある働き方をし、美味しくごはんを食べ、安心して眠れる日々を過ごせるよう祈っている。

二〇一九年九月

山田陽子

註

第1章

（1）この点、ゴフマンの儀礼的相互行為論や状況論の影響が色濃い。ゴフマンによれば、あらゆる「集まり」には「状況適合性の規則」が存在する。状況適合性の規則とハラスメントの問題については第5章で論じる。

（2）ホックシールドの「感情の贈与交換」の背景には、ゴフマンの相互行為論における「神聖な自己」と「司祭」の関係、ならびにデュルケームの「人格崇拝」論がある（山田 2007）。この点についても第5章で言及する。

（3）一九九一年の電通事件のエピソードの一部である。彼は長時間労働と「パワーハラスメント」が重なる中、自殺している。

（4）感情労働は三つの特徴を備えている。①対面や音声による顧客との接触、②顧客に何らかの感情変化を生じさせること、③感情労働者の感情は企業の研修や管理体制を通じてコントロールされること（Hochschild 1983: 147=2000: 170）。

（5）感情マネジメントや感情労働が内包する困難は対人援助職にもっとも顕著に、もっとも深刻に現れるのかもしれない。このように述べるからといって感情労働が惹起する自己疎外等について議論を重ねていくことの意義を否定するものではない。

（6）「イヤな上司やふざけた部下の間にあってストレスがたまるいっぽうの中間管理職の悲哀などは感情労働の結果とはいいたくてもいえないわけだ。（…）ゼロ円でスマイルが売られているのだが、それをお客様にサービスする店員の仕事こそが感情労働という概念にふさわしい」（岡原 1997: 106）。

（7）ホックシールドは感情労働がミドルクラスに多く担われるとするが（Hochschild 1983: 153-156=2000: 177-180）、日本の現状を見ると対人サービス業は非正規の雇用形態を取ることが少なくなく、中間層と呼ぶに値する賃金や福利厚生を保障されていない場合が散見される。感情労働がミドルクラスに担われるというよりも、感情労働によって提供されるサービスの消費を担うのがミドルクラスであるといったほうが適切かもしれない。感情労働と日本の社会階層の関連については今後の検討が必要である。

（8）イルーズによれば、ホックシールドの感情労働論もこれらの系譜に連なるものであるが、そのホックシールド理解はやや一面的であると言わざるをえない。一般に、ホックシールドの感情労働論は疎外論として読まれることが多く、イルーズの解釈も同様のようである。しかしながら、ホックシールドは感情労働と感情の商品化だけではなく、その前提にある日常生活における感情管理についても規範や文化、相互行為の観点から論を展開している。『管理される心』の構成は、私的生活と公的生活の二部構成になっており、前者で日常生活での感情管理が、後者で感情労働が扱われている。

また、ホックシールドが自らの感情モデルの理論的背景としているのは、ダーウィンの進化論、フロイトの自我論、ゴフマンの儀礼的相互行為論である。有機論者が考えるよりも感情は文化の影響を受けやすく、一方、相互行為論者が考えるよりも感情を実体的なものととらえるというのが彼女の立場であり、構成主義的立場をとりつつも、人は実際に感情を感じるのだという点を軽視しない。本章では、これらを踏まえ、感情労働の基盤にある感情管理の規範的・文化的側面に特に注目して議論を進める。それはイルーズの感情資本主義論と矛盾するものではなく、接続可能なものである。

(9) この語学学校の教室は、大都市圏の繁華街の一等地にあるタワービルの高層階などに位置する。主なターゲットとして想定されている顧客層は、海外出張や海外赴任を控えたビジネスマン、医師、研究者などである。ターミナル駅から雨に濡れずに通学でき、低層階には高級メゾンの店舗が入っている。高速エレベーターから景色の移り変わりを見ていると目的の階に着く。教室の受付ロビーにはシックな色と素材のソファーや木製の本棚が配置され、開放的だが落ち着いた雰囲気を醸し出している。一見すると語学学校というよりもホテルのようだが、堅苦しさや仰々しさはない。「カウンセリング」ブースやレッスンブースに入ると、見晴しの良い窓があり、半円形のテーブルに椅子が二脚、ハの字型に置いてある。円形のテーブルにハの字型の着席は、最も緊張せずに自己開示を促す位置関係であり、カウンセリングや相談援助の場面で多用される。「快適」で「洗練された」コミュニケーションの消費は、空間の設計から始まっている。整序された空間には整序された感情と整序されたコミュニケーションが似つかわしい。

第2章

(1) 大企業の場合、すでに産業保健スタッフや相談窓口が置かれていることが多く、その補完としてEAPが位置づけられることが多い。

(2) アメリカにおけるEAPの前史は、一九四〇年代にさかのぼる。

(3) 開発設計者のデール・マッシー教授は、マッシー・リサーチ・コンサルタントのCEOで、Ph.D、CEA

P（EAPプロフェッショナル）、MSW（医療ソーシャルワーカー）、LCSW－C（認定ソーシャルワーカー）の資格を有する。
（4）実際、取材したB社ではメンタルヘルス研修の引き合いは労働組合からも数多い。

第3章
（1）二〇一二年三月から一三年四月にかけて、「過労自殺」の遺族六名へのインタビュー調査を行い、自殺に至るまでの経緯や、労災認定・行政訴訟・民事訴訟の内容などについて聞き取りを行った。本章から第5章までの記述はそれにもとづく。
（2）労災保険法における「労働者」とは、労働基準法における「労働者」と同じである。本章も「職業の種類を問わず、事業又は事務所に使用される者で、賃金を支払われる者」（労基法九条）という規定に従って論を進める。
（3）「人の生命に関わる事故への遭遇その他心理的に過度の負担を与える事象を伴う業務による精神及び行動の障害又はこれに付随する疾病」（第九号）。
（4）認定基準は、有害因子への曝露期間と発症の条件等を厚労省労働基準局長が行政通達の形で示したものである（高橋 2012: 19）。
（5）どのような疾病であれ、疾病と業務との因果関係を検証する際のマニュアルとなるもの一般を認定基準と呼び、それぞれ認定基準に基づいて労災の審査が行われる。精神障害の労災認定のガイドラインが、当初、判断指針にとどまり、認定基準という形で示されなかったのは、身体疾患に比して業務と発症の因果関係を確定しづらく、認定手続きの標準化も困難であったためである。
（6）「認定基準」以降、長時間労働の問題を背景として労働時間数の基準が明確にされたり、非正規雇用の増大という状況に沿って「契約満了が迫った」という項目が「心理的負荷評価表」に新しく追加されるなどしている。発病直前の一ヵ月に概ね一六〇時間、もしくは三週間に概ね一二〇時間以上の時間外労働があった場合や、強制わいせつやセクシュアル・ハラスメント、生死に関わる傷病を業務によって得た場合などは、「特別な出来事」の類型に該当し、心理的負荷の強度が「強」と判定され、その他の要因をさほど考慮することなしに労災認定されることとなった（厚生労働省 2011a: 3）。二〇〇〇年代初頭からの「パワーハラスメント」の社会問題化を受け、「同僚とのトラブル」の心理的負荷の強度評価が「Ⅰ」から「Ⅱ」に上方修正されている。
　このような動きと並行して、専門部会での協議が必須とされるのは「高度に医学的な判断が必要」なケース（自殺事案ならびに労基署監督官だけでは心理的負荷が「強」だと断定できない事案など）に限定され、自殺に至らない「うつ病」案件は労基署監督官による判断のみで足りることとなっている。

（7）川人博法律事務所の集計によれば、「判断指針」が発表された一九九九年度には精神障害の請求件数が一五五件、認定件数は一四件、そのうち自殺の請求件数が九三件、認定件数が一一件である。前年の九八年にはそれぞれ四二件、四件、二九件、三件であったので、顕著に数値が上昇している。また、「認定基準」が出された二〇一一年度には、それぞれ一二七二件、三二五件、二〇二件、六六件となり、これも前年度の一一八一件、三〇八件、一七一件、六五件から増加している（岩城 2012: 31-32）。なお、認定件数は当該年度に請求されたものに限るわけではない。

（8）「ストレス―脆弱性理論」とは、環境に由来するストレスとそれに対する個体側の反応・脆弱性で精神障害が発症するか否かが決まるという考え方である。長時間労働やハラスメント、昇進や左遷など、職場で起こる様々な出来事について「同種の労働者」（職種、職場における立場、職責、年齢、経験等が類似する者）が一般的にどのように受け止めるかを指標にして、当該の事例のストレスの強度を測定する（厚生労働省2011d: 2-3; 労働調査会出版局編 2009: 53-69）。

（9）該当する疾患は、器質性精神障害、精神作用物質使用による精神・行動の障害、統合失調症、気分障害、神経症性等である。

（10）同様の指摘は、社会学者の元森絵里子も行っている。元森は、「過労自殺」の裁判闘争の中で自殺と故意を切り離す論理が準備されたとの見方を示している（元森 2012: 172-173）。

（11）労災保険における自殺解釈の変化は、判断指針や認定基準の名称の変化や、労災請求件数・認定件数のカウント方法に端的に表れている。まず、名称の変化を見ると、「心理的負荷による精神障害等に係る業務上外の判断指針」（一九九九年）から「心理的負荷による精神障害の認定基準」（二〇一一年）へと改訂されているが、判断指針では「精神障害等」となっていたものが認定基準では「精神障害」となり、「等」が削除されていることに気づく。「等」が何を意味するのかと言えば、自殺である（高橋 2012: 43）。すなわち、「精神障害等」とは「精神障害及び当該精神障害の病態として現れる自殺念慮から起こる自殺行動」（精神障害等の労災認定に係る専門検討会 1999: 17）を指し、「精神障害等の労災認定」とは精神障害と自殺の労災認定を意味していた。ここで確認しておくべきことは、「判断指針」において自殺は精神障害の延長線上にあるものという見方がされてはいるが、両者は別の物として区別されていたということである。

一方、現行の認定基準では「精神障害」とだけ記載されている。その理由は、「従来より、自殺の業務起因性の判断の前提として、精神障害の業務起因性の判断を行ってきた」がゆえ、「この趣旨を明確にするため「等」を削除した」と説明されている(厚生労働省 2011a: 1)。実際に労基署が自殺の動機や理由を調査する際にも、自殺の前段階として精神障害を発症していたか否か、発症していたとすれば業務上の要因か業務外や個人的な要因だったのかという手順で行われる。

認定基準において「等」の表記が欠落することにより、自殺は精神障害の下位カテゴリーとして包含されるに至った。それゆえ自殺の労災請求・決定件数のカウントの仕方も「精神障害」の内訳として「自殺（未遂を含む）」という区分になっている（厚生労働省 2019)。

(12) 近年、民間保険においても自殺案件に生命保険金が支払われるケースが出てきている。

(13) 変死体が見つかった時、警察による検視が行われるが、警察の関わり方としては、検視や聞き込みを通して、その死が自殺なのか他殺なのか、事故死や病死なのかを仕分けることが第一義的に重要になる。他殺なら事件として本格的に捜査しなければならない。そもそも、変死体の意味するところは、医師によって死因が特定されていない遺体である。

(14)「過労死・過労自殺」に関する学術専門書や一般書は数多くある。ここでは、自殺の医療化という観点から必要な経緯のみに焦点を絞って議論を進める。

(15) 電通事件では、入社後一年五ヵ月の男性社員が自殺した件につき、東京地裁は長時間労働と自殺との間に相当因果関係を認め、事業主には安全配慮義務の債務不履行責任があるとして損害賠償を命じた（東京地裁平成八年三月二八日判決）。のちに最高裁でも原告が勝訴している。また、神戸製鋼所事件とは、入社一年目の二〇代男性が出張先のインドで自殺した件につき、異国での慣れない業務や生活の中で精神障害を発症し、そのため自殺遂行時に心神喪失状態であったと認められることから業務起因性を認め、労災保険の不支給決定の取り消しを命じたものである（神戸地裁平成八年四月判決）。

(16) 労働省（当時）は一九八〇年代に「過労死」が社会問題化した後も、しばらくは「過労死」という語も問題群も否定していた（佐久間 2012: 135)。たとえ職場で脳出血が起きても、それはただ脳出血という疾患が偶然にも職場で起きたということであり、長時間労働と脳出血との因果関係を容易には認めない立場をとっていた。自殺については脳・心臓疾患に輪をかけて否定してきた経緯がある。

筆者が二〇一三年に厚生労働省に確認したところ、近年では報道発表資料や一般向けパンフレットの中で「わかりやすさを優先するために」（担当者談）、「過重負荷による脳・心臓疾患」を「過労死」として括弧つきで使用することはあるが、「過労自殺」については括弧つきでも一度も使用したことがなく、また、通達等の行政文書の中に「過労死」「過労自殺」を用いることは一切ないという回答であった。その理由は、「過労死」というと「過労」による死、つまり「働きすぎによる疲労の蓄積の末の死」というイメージが先行するが、「過重負荷による脳・心臓疾患」や「心理的負荷による精神障害」は長期間にわたる長時間労働によって引き起こされるもののみを意味するわけではなく、パワーハラスメントや震災などのさまざまな原因による発症・死亡のすべてを含むからであるというものである（二〇一三年四月に厚生労働省労働基準局に電話取材）。

　このように、「過労死・過労自殺」のクレイム申し立てを行う側と、業務上疾病というカテゴリーに依拠して制度を設計している厚生労働行政との間では、長らくの間、労働者の自殺に関する見方や使用する用語には相違があった。この点からすると、二〇一四年に「過労死」を掲げる過労死等防止対策推進法が成立・施行されたことは隔世の感がある。

（17）現在、精神障害の診断基準としてDSM－5（『精神障害の診断と統計の手引き 第五版』アメリカ精神医学会、二〇一三年）が世界的に使用されているが、DSM－Ⅲ（一九八〇年）が発表される以前は、医師が二人いれば異なる結果が出ると言われ、同じ患者に対する診断の一致率が低かった。医学の他の分野からは精神科の診断の信頼性に疑問が呈され、医学の中での精神医学の立場の確立のために開発されたのがDSM－Ⅲである。DSM－Ⅲは「精神医学の医学化」に不可欠な要素であった。

　第Ⅲ版以降第五版に至るまで、DSMは病因論を排した診断体系となっている。たとえばうつ病（DSMでは「気分障害」）の場合であれば、器質性／内因性／心因性などのうつ病の原因追究はせず、抑うつもしくは興味・喜びの減退のうち少なくとも一つがあり、食欲不振、不眠、焦燥、疲れやすさ、無価値感、思考力の減退、自殺企図を含めて計五つ以上の客観的に評価できる症状が二週間以上継続していれば、うつ病と診断する。患者の病前性格やストレス状況、社会適応度、身体特性などは症状とは別に評価し（「多軸評定」）、症状に焦点を絞るという形で客観性を担保することによって診断の一致率は飛躍的に向上した。

　アメリカ精神医学会からDSM－5がDSM－Ⅳ以来二〇年ぶりに改訂発表されるにともない、第一〇九回日本精神神経学会学術総会（二〇一三年五月二三～二五日）では関連する複数のシンポジウムが企画された。そのうちの一つである「精神医学における疾病概念・操作的診断基準・病名呼称の諸問題」では、DSM－Ⅳの策定や翻訳に関わった著名な精神科医が登壇し、DSM－5と過剰診療や過剰投薬の問題、「精神医学の医学化」などについて議論がなされた。本章のここでの記述はそこで見聞きした内容にもとづく。

(18) 労働問題を専門とする弁護士、過労死・過労自殺の家族会、精神科医、研究者、NPOなどで構成される。

(19) 「過労死防止基本法(仮称)」についての意見交換会」(二〇一二年八月二八日、衆議院議員会館)で得た情報にもとづく。

(20) 南雲の鑑定意見集には、彼が担当した川崎製鉄事件やオタフクソース事件など、「過労自殺」事案八件についての鑑定意見書や補充意見書の全文と、各事件の担当弁護士による事件解説がまとめられている。自殺者の心理学的剖検については多くの論文が出ているが、労災認定の過程で精神科医がどのように鑑定作業を行うのかを明らかにする資料は希少である。市販されておらず、フィールドワーク(二〇〇八年六月、東京)で入手した。

第4章

(1) 昨今では、自殺対策や遺族ケアを目的として遺族からの聞き取り調査を実施し、自殺者の生前の様子や自殺に至る経緯を明らかにする心理学的剖検が行われている。

(2) 刑事裁判における精神鑑定が抱える困難については、井原の論考(井原 2010)等を参照のこと。

(3) 自殺で夫を亡くした妻(六〇代)から二〇一二年六月に対面で聞き取った内容にもとづく。

(4) 「動機の語彙」については、次章で詳述する。

(5) 自殺で息子を亡くした母(六〇代)から二〇一二年七月に対面で聞き取った内容にもとづく。

(6) 自殺で夫を亡くした妻(六〇代)から二〇一二年九月に対面で聞き取った内容にもとづく。

(7) たとえば、医療保障や年金では年収一三〇万円以下であれば扶養配偶者として保険料の納付が免除されるため、それが主として女性の低賃金就労を温存してきたと指摘される。

(8) 業務上疾病の認定要件は、①対象疾病を発病している、②発病前六ヵ月の間に業務による強い心理的負荷が認められる、③業務以外の要因が認められない、以上の三点である(厚生労働省 2011a, 2011b)。実際の審査もこの手順で進められるため、生前に精神障害を発症していたことを示す診断書や通院歴がある否かが被災労働者と遺族にとって最初の関門になる。

(9) 自殺で父親を亡くした息子(三〇代)から二〇一二年三月から四月に対面で聞き取った内容にもとづく。

(10) この点については、平野啓一郎の長編小説『空白を満たしなさい』から示唆を得た(平野 2012)。この作品は、死(自殺)から蘇った男が、自らの死の真相(空白)について探求する物語である。小さな問題はあるにしても死に値するほどの事情が見当たらない中で、なぜ、どのようにして自分は死に至ったのかを探っていく過程が描かれる。それを読むと、フィクションということを差し引いても、自殺遂行時に「正常な弁識がなかった」と片づけるには人生は複雑に過ぎると思わざるをえない。

（11）意味喪失に耐えられない者のために、セラピー的なものによる「治療」が台頭する（Bolz 1997）が、それは世界を構築する「聖なる天蓋」（Berger 1967）を提供するほどの力を持たない。むしろ、それが医学もしくは科学であろうとするならば、患者や自殺者の実存的な意味については慎重に沈黙する。精神分析はともかくとして、昨今のDSMやICDなどの操作主義的診断基準——発症に至る理由や成育歴は問わず、現に症状がそろっていれば診断名を付与して薬物投与につなげる——と、認知行動療法や薬物療法などの生物医学的な精神医療が隆盛を極める現状は特にそうである。
　北中淳子は、精神科医が「治療」に専念し、患者の実存的葛藤についてはあえて不問にすることで、それを病理に還元して矮小化することを回避すると指摘している（北中 2014: 55）。また、野上元は自殺対応の現場では、職員が自殺の動機や理由には深く立ち入らず、わからないものをわからないままに処理するような「ゆるさ」をもって業務にあたっていることを明らかにしている（野上 2016: 271）。

第5章

（1）Nさんの死について衷心よりお悔やみ申し上げるとともに、インタビュー調査に協力してくださった遺族に感謝申し上げる。
　インタビューは二〇一二年春に二回、一回につき約四時間、計八時間実施した。Nさんの職場での立場や対人関係、亡くなるまでの経緯について聞き取り、二〇〇一～二〇一〇年にわたる労災申請や行政訴訟・民事訴訟に関する資料の提供を受けた。また、二〇一三年四月には長男に対してNさんの自殺を解釈した経緯についてメールで質問し、七〇〇〇字超の回答を得た。二〇一三年には民事訴訟の傍聴も行っている。調査倫理には特に配慮し、インタビュー内容や資料について論文や書籍として公表することに関し、Nさんの遺族に了解を得ている。

　分析対象とする資料は以下の通りである。①労災関連の資料として「業務上外関係 再審査請求事件」。これにはNさんの遺族補償年金等の支給決定と審査請求・再審査請求の却下に際して労基署が行った一六回の実地調査復命書や、労基署によるNさんの妻、長男、母、会社の上司や同僚からの聴取書、Nさんの生前の主治医や会社側の医師の意見書、地方労災医員協議会の意見書、タイムカードや運行記録、配車表等を含む。全六七四ページ。②労災保険不支給決定の取り消しを求めて遺族が国を相手取って起こした行政裁判の資料として、「遺族補償年金等不支給決定処分取消請求事件」と「遺族補償年金等不支給決定処分取消請求控訴事件」。一審と控訴審それぞれの訴状と判決文、原告代理人・被告代理人による準備書面のすべて、被告代理人の答弁書、原告側の精神科医の証人調書、上司と同僚の証人調書、甲・乙それぞれの書証のすべてを含む。③遺族が会社の責任を追及した民事訴訟の資料として「損害賠償請求事件」。本件については傍聴も行った。

なお、初出の学術雑誌に論文として掲載時には学術的な精確さのために事件番号や資料の番号・ページ数などの詳細を記述しているが、今回の書籍化にあたり、個人を特定できる要素をできる限り排するため、それらには言及していない。

(2) U課長は、後に横領で解雇され、事業主から損害賠償請求訴訟を起こされている。

(3) トラック運転手の労働条件については、労働大臣告示「自動車運転者の労働時間等の改善のための基準」(平成元年二月九日) に規定されている。一般の労働者の法定労働時間が週四〇時間であるのに対し、トラック運転手の一カ月の拘束時間(始業時刻から終業時刻までの時間で、労働時間と休憩・仮眠時間を含む)は二九三時間であり、労使協定がある場合は一ヵ月三二〇時間まで延長可能である(厚生労働省 2012a)。

(4) Nさんが生前、妻に仕事や職場の状況についてあまり話していなかったことを一つの論拠として、事業主側は家庭内不和がNさんの自殺の原因だと主張して労災を否定した。労災認定では、その疾病や死亡が業務に起因するのか、それともプライベートでの出来事や個人の性格傾向などの業務外に起因するのかが争点になるため、Nさんのケースでも事業主側は家族関係を追及した。しかし、関係性が良好でも妻に悩みを打ち明けない夫は珍しくなく、そこには「男らしさ」の問題がある。

(5) 遺族から労基署に書証として提出された「始末書」の控えを見ると、「今般、自己不注意によりタイヤを破損しました。今後十分に注意して運行します」と書かれている。Nさんの場合、タイヤのパンクを「事故」として扱われ、自らの落ち度を強調した反省文を書くよう指示されていた。

(6)「遊び」の対語として「仕事」があるが、Nさんへの処遇が「業務命令」「業務改善命令」のもとに生じたこと、自殺が「業務上疾病」の文脈で解釈されたことを鑑み、本章では「業務」を用いる。

(7) 是正勧告に従わず、悪質だと判断される場合は送検されるが、Nさんの会社のケースではそこまで至らなかった。

(8) ゴフマンの「神聖な自己(sacred self)」(Goffman 1967: 32=1986: 27) は確かにデュルケームの「人格崇拝」を継承しているが、異なる点もある。デュルケームのそれは、「尊敬すべきであり、かつ聖的であるのは人間性(l'humanité)」(Durkheim 267=211) であり、「我ではなく、個人一般の賛美(l'individu en général)」(ibid.: 268=212) である。言いかえれば、デュルケームの「人格崇拝」は、「道徳的個人主義」（中 1979: 185-190）や「社会化された個人主義」（宮島 1977: 89-94）であると言われるように、抽象的で理念的な人格一般への畏敬を意味する。それに対してゴフマンは、個人に集合的マナが分有され、集合表象に対して捧げられていた儀礼が個人に捧げられるようになるとし、その象徴が「カオ」である（Goffman 1967: 47=1986: 42）。それゆえ、共在状況において個人同士が相互に儀礼的行為をどのように遂行し、カオが聖化されるのかについてミクロレベルで明らかにした。

両者は世俗化された社会においてなお残された聖なるものは個人であるとする点で共通するが、社会変動が激しい一九世紀末の社会にてアノミーを克服する社会統合について関心を寄せたデュルケームと、二〇世紀の大衆社会で宗教や道徳のプライバタイゼーションを目撃していたゴフマンとでは、そもそも双方の理論的関心のありかが異なるということ以上に、描き出される「人格崇拝」の位相が異なる（山田 2007: 58-119）。

（9）当該の自死が労災と認定されるには、①ＩＣＤ－10のＦ０からＦ４に該当する精神障害を発症していること、②発病している場合、発病六カ月の間に「業務による強い心理的負荷」が存在していたこと、③業務以外の要因、プライベートでの出来事や当人の性格などから発病したものではないこと、以上三点が要件になり、審査もこの順で行うことになる（厚生労働省 2011a: 2）。Ｆ０～Ｆ４のうち、業務に関連して発症する可能性が高いのはＦ２～Ｆ４である。Ｆ２は統合失調症、統合失調症型障害および妄想性障害、Ｆ３は気分（感情）障害、Ｆ４は神経症性障害、ストレス関連障害および身体表現性障害を指す（ＩＣＤ－10参照）。

（10）「Ｉ」「Ⅱ」「Ⅲ」の強度区分は「一般的な労働者がどのように感じるか」を基準にして設定されているため、案件に応じて監督官が強度評価を修正する。修正は個々の監督官の裁量に任されており、判断の斉一性の確保は現在も行政上の課題となっている。なお、本章に記載の強度区分は、Ｎさんのケースが審査された当時のものである。

第6章

（1）Ｋライフハック研究会の世話人Ｏ氏によれば、ライフハックとは O' Reilly 社主催のカンファレンス「etech2004」で、ダニー・オブライエンが行った講演のタイトル「Life Hacks: Tech Secret of Overprolific Alfa Geeks」に由来している。

（2）コンピュータのオペレーティングシステム・リナックスをつくっているような人たちがハッカーと呼ばれる。他人のコンピューターに侵入して悪さをしたりプログラムを破壊したりする者は「クラッカー」呼ばれ、ハッカーとは区別される。

（3）二〇〇八年夏に大阪にて実施したインタビューで

の発言による。
（4）本項と次項の記述は、二〇〇九年春に大阪で開催されたKライフハック研究会vol.10「GTDマスターへの道」でのO氏の講演にもとづく。
（5）同様の「見える化」の技法としてよく知られたものに、「マインド・マップ」がある。
（6）松下幸之助は、一般に企業の目的は利益の追求にあると言われるが、それが究極の目的ではなく、事業を通じて共同生活の向上を図ることが企業の使命であること、その意味で事業経営は私事ではなく公事であり、企業は社会の公器であるとした。企業は常に共同生活にプラスになるかマイナスになるかという観点からものを考え、判断しなければならないという（松下2001）。
（7）IBMの三五〇〇人規模でのプロジェクト開発での失敗、ならびに、人月という単位で仕事量を測定することの問題点はブルックスの『人月の神話』に詳しい。
（8）ビジネス系自己啓発界隈では、「暗黙知と形式知」という言い方がしばしばなされる。まだ整理されていないが職場の構成員が暗黙裡に共有している仕事の仕方であったり、言語化されていないスキルを、目に見える形に整えて明示するといった意味あいで用いられる。人文社会系では暗黙知と言えばM・ポラニーの「暗黙知の次元」（Polanyi 1966=1980）がすぐに想起されるが、ビジネス系自己啓発界隈では、「暗黙知」という言葉はポラニーとは離れて独自の発展を遂げているように思われる。
（9）こうしたことに加えて、開発サイクルの短さも問題になっている。デジタルカメラなどは三ヵ月ごとに新製品を出すため、いったん終わったと思ったらすぐに次の納期が来る。そういう部署は「精神的余裕がなくなってて、こういうこと（筆者註：時間管理術）を考える暇すらもない。惨状。」（N氏）とのことである。
（10）科学史家の橋本毅彦によれば、西洋において労働における時間規律が励行されるようになったのは一八世紀である。工場に大型機械が導入されることで、機械の始動時刻に合わせて作業者も仕事を始めることが強制されるようになり、「今日は天気がいいから」とか「月曜だから」といった理由で仕事を放棄することは許されなくなった。遅刻もサボりも罰せられるようになる。さらに、一九世紀の鉄道網の発達は、定時法と標準時刻という観念を普及させる。日本でも、開国後に、鉄道、工場、学校といった近代的制度を導入する過程において時間規律が励行され、定着した（橋本 2001: 6）。

第7章

（1）育児休業を取得し、時短勤務の経験もあるAさんの夫のように、ファースト・シフトもセカンド・シフトもこなす男性もおり、セカンド・シフトを含めた「長時間労働」と「ワーク・ライフ・バランス」の問題はワーキング・マザーに限ったことではない。とはいえ、統計上、そのような男性は少数にとどまるため、ここでは主にワーキング・マザーに焦点を絞って論を進める。仕事も家事も育児もこなす男性についての議論は別稿に譲る。

（2）調査対象は、〇～一〇歳までの子どもがいる母親（有職者）二六七名である。

（3）念のため付言すれば、Aさんの職場での生産性は非常に高い。

初出一覧

はじめに　書き下ろし

第１章　「ホモ・エコノミクスからホモ・コミュニカンスへの変貌――ハラスメントと「感情資本主義」」（『現代思想』41巻15号、2013年、72-86頁）

第２章　「「感情資本主義」社会の分析に向けて――メンタル不全＝リスク＝コスト」（『現代思想』39巻2号、2011年、214-227頁）

第３章　「労働者の自殺をめぐるリスクと責任」（『年報　科学・技術・社会』23号、2014年、31-57頁）

第４章　「労働者の自殺をめぐるリスクと責任」（同上）
「労働者の自殺の鑑定と補償――労災保険の社会学的分析に向けて」（『西日本社会学会年報』14号、2016年、35-46頁）

第５章　「パワーハラスメントの社会学――「業務」というフレーム、次世代への影響」（『現代思想』41巻16号、2012年、142-149頁）
「「パワーハラスメント」のフレーム・アナリシス――労働者の自死の「動機の語彙」と「精神障害」フレーム」（『現代の社会病理』28号、2013年、41-57頁）

第６章　「時間管理と自己――「自分」を設計する」（『現代社会学』11号、2010年、3-14頁）

第７章　「ワーキング・マザーの「長時間労働」――「ワーク・ライフ・過労死？」」（『現代思想』46巻17号、2018年、137-146頁）

あとがき　書き下ろし

＊本書収録にあたり、大幅な加筆修正を施した。

参考文献

Beck, U., Beck-Gernsheim,E., 2001, *Individualization: Institutionalized Individualism and its Social and Political Consequences*, Thousand Oaks: SAGE Publications Ltd.

Berger,P.L.,1967, The Sacred Canopy; *Elements of a Sociological Theory of Religion*, NewYork: Doubleday & Co.（＝2018, 薗田稔訳『聖なる天蓋――神聖世界の社会学』ちくま学芸文庫.）

Best, J.,1987, “Rhetoric in Claim-Making: Constructing the Missing Children Problem”, *Social Problems*,34(2),101-121.（＝2000,「クレイム申し立ての中のレトリック」平英美・中河伸俊編『構築主義の社会学――論争と議論のエスノグラフィー』世界思想社, pp.148-192.）

Bolz, N., 1997, *Die Sinngesellschaft*, Berlin: Econ Verlag GmbH.（＝1998, 村上淳一訳『意味に飢える社会』東京大学出版会.）

Brooks,Jr.,F. P., 1995, *The Mythical Man-Month:Esssays on Software Engineering*, Boston: Addison-Wesley Publishing Company, Inc.（＝2002, 滝沢徹・牧野祐子・富沢昇訳『人月の神話――狼人間を撃つ銀の弾はない』アジソン・ウェスレイ・パブリッシャーズ・ジャパン.）

Conrad,P. & Schneider,J.W. 1981, *Deviance and Medicalization: From Badness to Sickness*, Philadelphia: Temple University Press.（＝2003, 進藤雄三監訳『逸脱と医療化――悪から病いへ』ミネルヴァ書房.）

Conrad.P., 2007, *The Medicalization of Society; On the Transformation of Human Conditions into Treatable Disorders*, Boltimore: The Johns Hopkins University Press.

David A., 2001, *Getting Things Done: The Art of Stress-Free Productivity*, London: Penguin Books.（＝2009, 田口元監訳『ストレスフリーの整理術――はじめてのGTD』二見書房.）

土井隆義, 1994,「レトリックとしての犯行動機――少年事件の解釈と犯罪処遇の問題」『imago』青土社, 5(5), pp.206-219.

――――, 1995,「いじめ問題における視線の構図――社会問題とその対策をめぐる循環のメカニズム」『imago』青土社, 6(2), pp.53-69.

――――, 2009,『キャラ化する／される子どもたち』岩波書店.

Durkheim, E., [1893]1960, *De la division du travail social* , Paris: P.U.F.（＝1971, 田原音和訳『社会分業論』青木書店.）

――――, 1897, *Les suicide: étude de sociologie*, Paris: P.U.F.（＝1985, 宮島喬訳『自殺論』中公文庫.）

――――, 1970, *La Science sociale et l'action*, Paris: P.U.F.（＝1988, 佐々木交賢・中島

明勲訳『社会科学と行動』恒星社厚生閣.)

Ewald, F., 1991, "Insurance and risk", *The Foucault Effect; Studies in Governmentality*, Graham Burchell, Colin Gordon, and Peter Miller, Chicago: The University of Chicago Press, pp.197-210.

Frances, A., 2013, *Saving Normal: an Insider's Revolt against Out of Control Psychiatric Diagnosis, DSM-5, Big Pharma, and the Medicalization of Ordinary Life*, New York: William Morrow.（＝2013, 大野裕監修・青木創訳『〈正常〉を救え――精神医学を混乱させるDSM-5への警告』講談社.)

Freidson.E.,1970, *Professional Dominance: The Social Structure of Medical Care*, Atherton: Atherton Press.（＝1992, 進藤雄三・宝月誠訳,『医療と専門家支配』恒星社厚生閣.)

藤本正, 1996,『ドキュメント「自殺過労死」裁判――24歳夏 アドマンの訣別』ダイヤモンド社.

藤村正之, 2008,『〈生〉の社会学』東京大学出版会.

Gerth, H. & Mills, C.W., 1953, *Character and Social Structure: the psychology of social institutions*, Harcourt: Brace & World, Inc.（＝1970, 古城利明・杉森創吉訳『性格と社会構造――社会制度の心理学』青木書店.)

Goffman, E., 1963, *Behavior in Public Places: Notes on the Social Organization of Gatherings*, Glencoe : The Free Press.（＝1980, 丸木恵祐・本名信行訳『集まりの構造―新しい日常行動論を求めて』誠信書房.)

――――,1967, *Interaction Ritual: Essays on Face to Face Behavior*. New York: Doubleday Anchor（＝1986, 広瀬英彦・安江孝司訳『儀礼としての相互行為――対面行動の社会学』法政大学出版局.)

――――, [1974]1986, *Frame Analysis: An Essay on the Organization of Experience*, Boston: Northeastern University Press.

Hacking, I., 1990, *The Taming of Chance*, Cambridge: Cambridge University Press.（＝1999, 石原英樹・重田園江訳『偶然を飼いならす――統計学と第二次科学革命』木鐸社.)

濱口桂一郎, 2011,『日本の雇用と労働法』日本経済新聞出版社.

原尻淳一・小山龍介監修, 2006,『Life Hacks――楽しく効率よく仕事する技術』宝島社.

橋本毅彦・栗山茂久, 2001,『遅刻の誕生――近代日本における時間意識の形成』三元社.

平野啓一郎, 2012,『空白を満たしなさい』講談社.

広井良典, 1999,『日本の社会保障』岩波新書.

Hochschild, A. R., 1983, *The Managed Heart: Commercialization of Human Feeling*, Berkeley, University of California Press.（＝2000, 石川准・室伏亜希訳『管理される心

——感情が商品になるとき』世界思想社.）
————, 1989, *The Second Shift: Working Parents and the Revolution at Home*, New York: Vinking Penguin.（＝1990, 田中和子訳『セカンド・シフト　第二の勤務——アメリカ共働き革命のいま』朝日新聞社.）
————, 1997, *The Time Bind: When Work Becomes Home and Home Becomes Work*, New York: Georges Borchardt, Inc.（＝2012, 坂口緑・中野聡子・両角道代訳『タイム・バインド 働く母親のワークライフバランス——仕事・家庭・子どもをめぐる真実』明石書店.）
————, 2003, *The Commercialization of Intimate Life: Notes from Home and Work*, Berkeley: University of California Press.
市川佳居, 2004,『従業員支援プログラムEAP導入の手順と運用』かんき出版.
————, 2007,「日本のEAPの現状」『職場のメンタルヘルス対策講演会——日本におけるこれからのメンタルヘルス対策のあり方を考える』pp. 29-32.
井原裕, 2010,『精神鑑定の乱用』金剛出版.
ILO, 2019,「第108回ILO総会閉幕：画期的な条約、宣言などを採択」https://www.ilo.org/tokyo/information/pr/WCMS_711458/lang--ja/index.htm（2019年9月3日閲覧確認）
Illich, 1976, *Medical Nemesis*, NewYork: Pantheon.（＝1998, 金子嗣郎訳『脱病院化社会』晶文社.）
————, 1981, *Shadow Work*, Marion Boyars（＝2006, 玉野井芳郎・栗原彬訳『シャドウ・ワーク——生活のあり方を問う』岩波書店.）
Illouz, E., 2007, *Cold Intimacies: The Making of Emotional Capitalism*, Cambridge: Polity Press.
————, 2008, *Saving the Modern Soul: Therapy, Emotions, and The Culture of Selp-help*, Berkeley, University of California Press.
伊藤美登里, 2008,『現代人と時間——もう〈みんな一緒〉ではいられない』学文社.
岩崎健二, 2008,「長時間労働と健康問題——研究の到達点と今後の課題」『日本労働研究雑誌』575: pp.39-48.
岩城穣, 2012,「過労死・過労自殺の認定基準と判例の特徴」『働くもののいのちとkenko健康を守る学習交流会（第45回労災職業病一泊学校）講義・講演レジュメ、資料集』pp.28-55.
Jutel, A.G., 2011, *Putting a Name to It: Diagnosis in Contemporary society*, Boltimore: Johns Hopkins University Press.
角山栄, 1998,『時間革命』新書館.
金子正, 2018,「長時間労働の是正について」『総合健診』45(2), pp.4-9.
過労死110番全国ネット事務局・過労死弁護団全国連絡会議事務局, 2008,『過労

死110番20年のあゆみ』.
過労死弁護団全国連絡会議編, 1990,『KAROSHI 国際版』窓社.
川人博, 1998,『過労自殺』岩波新書.
————, 2006,『過労自殺と企業の責任』旬報社.
————, 2014,『過労自殺 第二版』岩波新書.
川人博・平本紋子, 2012,『過労死・過労自殺 労災認定マニュアル——Q&Aでわかる補償と予防』旬報社.
香山リカ, 1999,『〈じぶん〉を愛するということ——私探しと自己愛』講談社現代新書.
北中淳子, 2014,『うつの医療人類学』日本評論社.
Kleinman, A., 1988, *The Illness Narratives: Suffering, Healing and the Human Condition*, New York: Basic Books.（＝1996, 江口重幸・五木田紳・上野豪志訳『病いの語り——慢性の病いをめぐる臨床人類学』誠信書房.）
駒村康平ほか, 2015,『社会政策——福祉と労働の経済学』有斐閣.
厚生労働省, 2004a,「心の健康問題により休業した労働者の職場復帰支援の手引き」.
————, 2004b,「心の健康問題により休業した労働者の職場復帰支援の手引きについて」（厚生労働省発表, 平成16年10月14日）.
————, 2006,「労働者の心の健康の保持増進のための指針」（厚生労働省発表平成18年3月31日）.
————, 2011a,「精神障害の労災認定 平成23年12月に認定基準を新たに定めました」.
————, 2011b,「心理的負荷による精神障害の認定基準について」（平成23年12月26日付基発1226第1号）.
————, 2011c,「心理的負荷による精神障害の認定基準の運用等について」（平成23年12月26日基労補発1226第1号）.
————, 2011d,「心理的負荷による精神障害の認定基準の運用等について」（基労補発1226第1号 平成23年12月26日）の「別添 心理的負荷による精神障害の認定基準」.
————, 2011e,「心理的負荷による精神障害の認定基準の運用等について」（基労補発1226第1号 平成23年12月26日）の「別添 認定基準と判断指針の主な相違点」.
————, 2012a,「トラック運転手の労働時間等の改善基準等のポイント」.
————, 2012b,「職場のパワーハラスメントの予防・解決に向けた提言」.
————, 2012c,『職場のいじめ・嫌がらせ問題に関する円卓会議ワーキング・グループ報告』.
————, 2013a,「職場における心の健康づくり——労働者の心の健康の保持増

進のための指針」.
————, 2013b,「改訂 心の健康問題により休職した労働者の職場復帰支援の手引き」
————, 2014a,「ストレスチェック制度 導入マニュアル」.
————, 2014b,「労働安全衛生法に基づくストレスチェック制度に関する検討会報告書」.
————, 2015,「労働安全衛生法に基づくストレスチェック制度実施マニュアル」.
————, 2018a『過労死等防止対策白書』.
————, 2018b,『平成29年度雇用均等基本調査』.
————, 2019a,「平成30年度 過労死等の労災補償状況」.
————, 2019b,「平成30年度 個別労働紛争解決制度施行状況」.
————, 2019c,「平成30年労働安全衛生調査（実態調査）」.
厚生労働省ほか, 2018,『脳・心臓疾患の労災認定——「過労死」と労災保険』.
厚生労働省職業安定局長, 2015,「女性の職業生活における活躍の推進に関する法律の施行について」.
Luhmann, N., 1984, *Soziale Systeme: Grundriß einer allgemeinen Theorie*, Berlin: Suhrkamp Verlag.（＝1993, 佐藤勉監訳『社会システム理論 上』恒星社厚生閣.）
真木悠介, 2003,『時間の比較社会学』岩波現代文庫.
Mannheim, K., 1931, *Wissenssoziologie, Handwörterbuch der Soziologie*, Stuttgart: herausgegeben von Alfred Vierkandt.Stuttgart.（＝1973, 秋元律郎・田中清助訳『知識社会学』青木書店.）
Masi A.D., 2007a, “Employee Assistance Programs(EAPs)”,『職場のメンタルヘルス対策講演会——日本におけるこれからのメンタルヘルス対策のあり方を考える』pp. 5-11.
————, 2007b, “Quality assurance of employee assistance programs”,『職場のメンタルヘルス対策講演会——メンタルヘルス対策における事業場外資源の有効活用』pp. 5-16.
松下幸之助, 2001,『実践経営哲学』PHP研究所.
Méda, D., 1995, *Le Travail: Une valeur en voie de disparition*, Paris: Aubier.（＝2000, 若森章孝・若森文子訳,『労働社会の終焉——経済学に挑む政治哲学』法政大学出版局.）
Milles, C.W., 1951, *White collar; the American middle classes*, New York: Oxford University Press.（＝1971, 杉政孝訳『ホワイト・カラー——中流階級の生活探求』東京創元新社.）
宮島喬, 1977,『デュルケム社会理論の研究』東京大学出版会.
宮岡等, 2014,『うつ病医療の危機』日本評論社.

森田洋司, 2010,『いじめとは何か——教室の問題、社会の問題』中公新書.
本橋豊・渡邉直樹, 2005,『自殺は予防できる——ヘルスプロモーションとしての行動計画と心の健康づくり活動』すぴか書房.
元森絵里子, 2012,「「過労自殺」の社会学——法理論と制度運用に着目して」『年報社会学論集』pp.168-179.
南雲與志郎, 2006,『過労自殺の原因分析——精神科医南雲與志郎鑑定意見書集』過労死弁護団全国連絡会議.
内閣府, 2019,「国民生活に関する世論調査」.
内閣府男女共同参画局 2017『男女共同参画白書 平成29年版』.
内藤朝雄・荻上チキ, 2010,『いじめの直し方』朝日新聞出版.
中久郎, 1979『デュルケームの社会理論』創文社.
中野次雄, 2011,「判例は実務を支配する」中野次雄編『判例とその読み方 第三版』有斐閣, pp.10-28.
中谷陽二, 2009,「責任無能力制度の将来」中谷陽二編『責任能力の現在——法と精神医学の交錯』金剛出版, pp. 9-24.
根本忠一, 2016,「メンタルヘルスの取り組みにおける労組の役割——ストレスチェックの義務化が問う職場の今」https://www.mirasapo.jp/column/00058/20160314_60847.html（2019年9月3日閲覧確認）
NHK放送文化研究所, 2016,『2015年国民生活時間調査報告書』.
日本生産性本部, 2010,『産業人メンタルヘルス白書 2010年度版』.
新岡優子・前川直也・西河誠・小田美奈子・上田雅美, 2008,『システム開発現場のファシリテーション——メンバーを活かす最強のチームづくり』技術評論社.
西本郁子, 2006,『時間意識の近代——「時は金なり」の社会史』法政大学出版局.
野上元, 2016,「自殺に対応する—さまざまな現場、無意識の協働」貞包英之・元森絵里子・野上元『自殺の歴史社会学——「意志」のゆくえ』青弓社.
野村総一郎, 2008,『うつ病の真実』日本評論社.
岡田康子・稲尾和泉, 2011,『パワーハラスメント』日本経済新聞出版社.
岡原正幸・山田昌弘・安川一・石川准, 1997,『感情の社会学——エモーション・コンシャスな時代』世界思想社.
大津市立中学校におけるいじめに関する第三者調査委員会, 2013,『調査報告書』.
Parsons, T., 1951, *The Social System*, Glencoe: The Free Press.（＝1974, 佐藤勉訳,『社会体系論』青木書店.）
Pinguet, M., 1984, *La Mort volontaire au Japon*, Paris: Gallimard（＝1986, 竹内信夫訳,『自死の日本史』筑摩書房.）
Polanyi, M.,1966, *The Tacit Dimension*, London: Routledge & Kegan Paul Ltd.（＝2003, 高橋勇夫訳『暗黙知の次元』ちくま学芸文庫.）

プロタクター・アンド・ギャンブル・ジャパン株式会社&ベネッセ・コーポレーション, 2018,『共働き意識調査』.
Rose, N., 1999, *Governing the soul: the shaping of the private self*, London: Free Association Books.
————, 2002, "At Risk of Madness", Baker, T. and Simon ,J. ed,. *Embracing RISK-The Changing Culture of Insurance and Responsibility*, Chicago: The University of Chicago Press, pp.209-237.
労働調査会出版局編, 2009,『新訂 精神障害等の労災認定——「心理的負荷による精神障害等に係る業務上外の判断指針」の詳解』.
労働省, 1965,「労働者災害補償保険法の一部を改正する法律の施行について」（昭和40年7月31日付基発第901号）.
————, 1999a,「心理的負荷による精神障害等に係る業務上外の判断指針について」（平成11年9月14日付基発第544号）.
————, 1999b,「心理的負荷による精神障害等に係る業務上外の判断指針について」（平成11年9月14日付基発第544号）の「別添 心理的負荷による精神障害等に係る業務上外の判断指針」.
————, 1999c,「精神障害による自殺の取扱いについて」（平成11年9月14日付基発第545号）.
佐久間大輔, 2012,『精神疾患・過労死』中央経済社.
三具淳子, 2015,「初職継続の隘路」岩田正美・大沢真知子編『なぜ女性は仕事を辞めるのか——5155人の軌跡から読み解く』青弓社.
佐藤直樹, 2006,『刑法39条はもういらない』青弓社.
精神障害の労災認定の基準に関する専門検討会, 2011,「精神障害の労災認定に係る専門検討会報告書」.
精神障害等の労災認定に係る専門検討会, 1999,「精神障害等の労災認定に係る専門検討会報告書」.
Smith, A., 1761, *The Theory of Moral Sentiments.*（＝2013, 高哲男『道徳感情論』講談社学術文庫.）
————, 1776, *An Inquiry into the Nature and Causes of the Wealth of Nations.*（＝1978, 大河内一男訳『国富論（1〜3)』中公文庫.）
総務省, 2018,『労働力調査（基本集計）平成30年（2018年）8月分（速報）』.
Sudnow, D., 1967, *Passing on: the social organization on dying*, Upper Saddle River: Prentice-Hall.（＝1992, 岩田啓靖・山田富秋・志村哲郎訳『病院でつくられる「死」——「死」と「死につつあること」の社会学』せりか書房.）
高橋健, 2012,『元厚生労働事務官が解説する 職場のうつと労災認定の仕組み』日本法令.
武田晴人, 2008,『仕事と日本人』ちくま新書.

内山節, 2011,『時間についての十二章――哲学における時間の問題』岩波書店.
上畑鉄之丞, 1990,「過労死の医学的考察」『KAROSHI 国際版』窓社.
――――, 2007,『過労死サバイバル――仕事ストレスが心身を蝕む前に』中央法規出版.
上野千鶴子, 1992,『増補〈私〉探しゲーム』筑摩書房.
渡辺聰子, 2008,「ポストモダンの仕事意識」渡辺聰子、アンソニー・ギデンズ、今田高俊,『グローバル時代の人的資源論――モティベーション・エンパワーメント・仕事の未来』東京大学出版会, pp.65-93.
Weber, M., 1904, D*ie protestantische Ethik und der* 》*Geist*《 *des Kapitalismus*, Tübingen: J.C.B. Mohr（＝1989, 梶山力・大塚久雄訳『プロテスタンティズムの倫理と資本主義の精神』岩波文庫.）
Whyte W.H., 1956, *The organization man*, New York: Simon and Schuster.（＝1959, 辻村明・佐田一彦訳『組織の中の人間――オーガニゼーション・マン（上・下）』東京創元社.）
山田陽子, 2007,『「心」をめぐる知のグローバル化と自律的個人像――「心」の聖化とマネジメント』学文社.
山下格, 2015,『誤診のおこるとき――精神科診療の宿命と使命 新装版』みすず書房.
柳川行雄, 2007,「平成18年度メンタルヘルス対策を支援する事業場外資源のあり方検討委員会報告書について」『職場のメンタルヘルス対策講演会――メンタルヘルス対策における事業場外資源の有効活用』pp.19-40.
米澤泉, 2018,『「くらし」の時代――ファッションからライフスタイルへ』勁草書房.
Yourdon, E.N., 2004, *Death March*, 2nd Edition, London: Person Education, Inc.（松原友夫・山浦恒央訳, 2006,『デスマーチ――ソフトウェア開発プロジェクトはなぜ混乱するのか』日経ＢＰ.）
全国過労死を考える家族の会, 1991,『日本は幸福か――過労死・残された50人の妻たちの手記』教育史料出版会.

［著者］山田陽子（やまだ・ようこ）
神戸大学大学院総合人間科学研究科博士後期課程修了。博士（学術）。現在、広島国際学院大学情報文化学部現代社会学科准教授。専門は社会学（感情社会学、医療社会学、社会学理論）。主著に『「心」をめぐる知のグローバル化と自律的個人像』（学文社、日本社会史学会奨励賞受賞）、共著に『現代文化の社会学 入門』（ミネルヴァ書房）、『いのちとライフコースの社会学』（弘文堂）、*Psychosocial health, work and language*（Springer）など。

働く人のための感情資本論
パワハラ・メンタルヘルス・ライフハックの社会学

2019年11月 8 日 第1刷発行
2020年 2 月27日 第2刷発行

著者——山田陽子

発行者——清水一人
発行所——青土社

〒101-0051 東京都千代田区神田神保町1-29 市瀬ビル
［電話］03-3291-9831（編集）03-3294-7829（営業）
［振替］00190-7-192955

印刷・製本——双文社印刷

装幀——水戸部 功

ISBN 978-4-7917-7223-0 C0036